# Guia Para Leer El Antiguo Testamento

SEGUNDA PARTE — REVISADO

## El Escenario Está Puesto

**ACTA** Foundation
4848 Clark Street
Chicago, Illinois 60640

NIHIL OBSTAT:
Hna. Carolyn Osiek, R.S.C.J.
Censor Deputatus

IMPRIMATUR:
Rdo. P. James P. Roache
Vicario General
Arquidiócesis de Chicago
17 de octubre de 1986

El Nihil Obstat y el Imprimatur son declaraciones oficiales que indican que un libro o panfleto no contiene errores de fe o moral. Pero no implican que los que han concedido el Nihil Obstat y el Imprimatur estén de acuerdo con el contenido, las opiniones o afirmaciones de dicha publicación.

Publicado por ACTA
4848 N. Clark St.
Chicago, Illinois 60640
(312) 271-1030

Library of Congress Catalogue No. 85-070360
ISBN No. 0-914070-38-X

Impreso en los Estados Unidos de América

# INTRODUCCION

En estos últimos años se ha hecho aparente que la familiaridad con la Sagrada Escritura es una parte indispensable en la formación de apóstoles modernos. El gran trabajo de construir el Cuerpo a la medida cabal del de Cristo, su Cabeza, ya sea en el plano de la acción social, de la liturgia o de la educación, etc., será mucho más efectivo si este trabajo tiene la Biblia como su fuente de inspiración.

El cristiano, no importa cuál sea su misión apostólica, tiene necesidad de una fe profunda y madura que sirva de base para su apostolado. La palabra de Dios, estudiada y meditada en momentos de recogimiento puede desempeñar un papel vital en el desenvolvimiento de dicha fe.

En un folleto como éste es imposible por supuesto, dar más de un esquema de los acontecimientos principales de la literatura Bíblica. Si se logra aclarar algunos malentendidos y si se muestra la esencia del mensaje de algunos de los libros de la Biblia en la situación del hombre en el día de hoy, el tiempo y el esfuerzo empleados no habrán sido en vano.

Una palabra de sincero agradecimiento al:

*Sr. Daniel Lupton, quien escribió el manuscrito original;

*Sr. Irwin St. John Tucker, quien inspiró y alentó la idea de esta guía de lecturas;

*Sr. Russell Barta y Sr. Vaille Scott, quienes hicieron la prueba de este proyecto;

*los Padres John F. McConnell, M.M. y John P. O'Connell, quienes leyeron el texto y propusieron valiosas sugerencias; y finalmente, a

*los Padres Edward Mehok y Gerard P. Weber, quienes revisaron el texto y al Sr. John Diercksmeier, quien facilitó la traducción de tales revisiones.

ACTA Foundation

los Libros de Esta Serie:

GUIA PARA LEER EL ANTIGUO TESTAMENTO:
PRIMERA PARTE: DIOS COMIENZA
SEGUNDA PARTE: EL ESCENARIO ESTA PUESTO

GUIA PARA LEER EL NUEVO TESTAMENTO:
PRIMERA PARTE: MISTERIO DE JESUS
SEGUNAD PARTE: EL CRISTO TOTAL

ACTA (Adult Catechetical Teaching Aids) es una organización sin fines de lucro, que se propone ayudar a la enseñanza de la religión Católica a través de la preparación de materiales tales como textos, películas, y grabaciones.

# CONTENIDO

# PRIMERA LECCION

*Músico real tocando el arpa*

# "Cantemos al Señor"

**La biblia en Miniatura:** Se ha dicho que si el Antiguo Testamento hubiera desaparecido en algún desastre, la mayor parte de él se habría podido volver a escribir si solamente el Libro de los Salmos se hubiera preservado. Esta colección de poesía religiosa, que contiene unos ciento cincuenta poemas se llama el *Salterio*. El nombre está tomado de la palabra griega que sirve para decir arpa o lira, la cual era el instrumento que se usaba para acompañar a los cantores cuando entonaban los salmos de adoración en el Templo. No fueron escritos en un solo tiempo ni por un solo autor, aunque la colección entera está dedicada a David por su fama como poeta y cantor de los Salmos.

**El drama de la Salvación:** En el Salterio tenemos el fruto de siglos de oración y meditación acerca de los grandes acontecimientos salvíficos llevados a cabo por la intervención de Dios en la historia de su pueblo. Podríamos imaginarnos esta historia como un drama en cuatro actos. Los principales actores de este drama son Dios, los hebreos (tanto el judío individualmente como la nación entera) y los "paganos" o enemigos de Dios. En un sentido, entonces, nuestro drama en cuatro actos en un esquema de todo el Antiguo Testamento. Este es el panorama de la historia de la salvación que forma el contexto en el cual debemos leer y rezar los salmos.

El *Primer Acto* podría llamarse "Elección y pacto." Cuando el telón se levanta vemos que Dios escoge un pueblo para ser su pueblo de una manera única y especial. Le promete *fidelidad* pero le pide en cambio *obediencia* a Dios.

El *Segundo Acto* podría llamarse "Rompimiento del Pacto." Aquí vemos el más triste record de *infidelidad* hacia Dios, tanto en el plano personal como en el de la nación entera, conforme nos lo cuentan las páginas de la historia de Israel.

En el *Tercer Acto*, "Dios se enoja," encontramos *el castigo* en forma de catástrofes naturales, las plagas, como instrumentos de Dios, oprimiendo a los hijos e hijas incrédulos; Dios abandona a sus elegidos y se convierte en "el Dios escondido." El hombre entonces responde con el arrepentimiento.

*Acto Cuarto*, el último, se titula "Dios es Fiel." Es la cumbre de la alegría del perdón y de *la restauración* del pueblo de Israel en su calidad de Hijos de Dios. Los salmos son entonces una manera de revivir la Historia Sagrada, tanto en la comunidad como individualmente.

*AHORA ABRA SU BIBLIA Y LEA:*

(NOTA: Se sugiere que el lector lea dos veces cada uno de los salmos. La primera lectura serviría para admirar la belleza del salmo como poesía. La segunda lectura debería hacerse tomando en cuenta las notas que para cada uno de los salmos se encuentran en la sección "Detrás de las Palabras.")

  I.  Himnos de Alabanza:
      SALMO 8
      SALMO 29
      SALMO 122

  II. Peticiones:
      A. de la nación
         SALMO 60
         SALMO 80
         SALMO 137

      B. del individuo
         SALMO 18
         SALMO 22

**Para recordar:** El lector deberá tener en cuenta que las dos principales características de la poesía hebrea son ser concreta en el uso de las imágenes y el *paralelismo* en el desenvolvimiento de las ideas.

**Concretar:** La mente hebrea no había sido acostumbrada a formar ideas abstractas como la griega. Este hecho psicológico nos ayuda a comprender por qué los hebreos nunca tuvieron una verdadera filosofía. Para un judío, el hombre no tenía "alma" sino que contenía "el soplo de Dios," "el aliento de vida." Un hombre bueno no era aquel que poseía "bondad" sino aquel que no escuchaba el consejo del malvado, evitaba su compañía, se deleitaba en la Ley de Dios, etc. (SALMO 1)

**Paralelismo:** El SALMO 2 nos da un ejemplo de lo que llamaríamos el paralelismo de la poesía hebrea. Nótese cómo la segunda parte de cada verso repite la idea de la primera, con palabras diferentes.

"¿Por qué hacen ruido las naciones // y los pueblos se quejan sin motivo?

Se levantan los reyes de la tierra // y sus jefes conspiran en contra del Señor y su elegido:

'¡Ea, vamos, rompamos sus cadenas // y su yugo quebremos!' "

9

## detrás de las palabras

Los poemas del salterio se pueden clasificar más o menos exactamente en cuatro categorías: himnos, peticiones, salmos didácticos o instructivos y salmos proféticos.

### LOS HIMNOS DE ALABANZA

Todos los himnos siguen con mayor o menor fidelidad el siguiente plan:

Parte I—Una *invitación* a alabar a Dios. Esta llamada se dirige al justo, a la nación de Israel, a la comunidad de naciones, y aún al mismo salmista.

Parte II—*Motivos* para alabar a Dios. Pueden brotar de la alegría o de la reverencia profunda ante la acción de Dios ya sea en la naturaleza o en la historia humana.

Parte III—*Conclusión*. Una nueva llamada a alabar al Señor. Los salmos de este tipo son generalmente reflexiones poéticas de los temas del GENESIS, cap. 1; ISAIAS, cap. 10; JOB, cap. 36, o ECLESIASTICO, cap. 42. Valdría la pena leer estos capítulos antes de leer los tres himnos que hemos escogido para nuestro estudio.

*Salmo 8—La majestad de Dios y la dignidad del Hombre:* El tema de este salmo es la maravillosa bondad de Dios que escoge al hombre para ser la principal revelación de El mismo y su representante en la tierra. Esto se confirma en la Encarnación de Cristo. Las palabras del autor de la EPISTOLA A LOS HEBREOS (en el Nuevo Testamento), cap. 2:5–11, son un excelente comentario de este salmo.

*Salmo 29—La Majestad de Dios en medio de la tormenta:* Las violentas tormentas de la costa de Palestina fueron a menudo usadas por el salmista como una imagen del poderío y majestad divinos. Se podría decir que el motivo de este poema fue una tempestad que cayó en la costa y se dirigió hacia el norte, rumbo a las alturas del Líbano, desatando su furor en las Selvas de Cadés. El hecho de que la tormenta no haya caído en el territorio de Israel y haya "atacado" las tierras de los enemigos fué para el salmista una imagen del favor de Dios a su pueblo.

***Salmo 122—El saludo de los peregrinos a Jerusalén:*** Una de las más importantes demostraciones de la antigua piedad de los judíos era el amor a la Ciudad Santa, Jerusalén. San Pablo ve en Jerusalén el símbolo de la unidad del pueblo de Dios y una figura de la Iglesia, cf., LA EPISTOLA A LOS EFESIOS, cap. 2:20–22. Se comprende mejor este salmo si se tiene en cuenta que es la meditación del peregrino que, habiendo retornado a la tranquilidad del hogar, revive los inspiradores recuerdos de su peregrinación. Con el tiempo, el salmo llegó a ser uno de los tradicionales himnos que cantaban los peregrinos cuando, en su viaje a Jerusalén, entraban en la Ciudad Santa.

## LAS PETICIONES

Los salmos de "petición" forman el elemento más importante y el más extenso del Salterio.

***Salmo 60—Plegaria de la nación vencida:*** Este salmo es la oración de una nación entera, plegaria que brota de la trágica catástrofe del año 586 a.C. (El Exilio), cuando la nación fue conquistada por los Babilonios y transportada a nuevos hogares en Babilonia. Es muy probable que este salmo se utilizaba en la adoración oficial en el Templo durante los días de duelo nacional y en el aniversario de la destrucción del Templo.

***Salmo 80—Oración para la restauración de Israel:*** La imagen de la viña, representando al pueblo de Dios, se encuentra

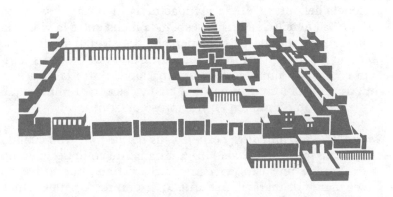

*Templo de Salomón*

11

muchas veces en la Biblia. Se usa aquí por el salmista para describir la aflicción de Israel vencido. Esta imagen ocurre con frecuencia en los profetas, ej., OSEAS, cap. 10, e ISAIAS, cap. 5, también en el Evangelio, ej., MATEO, cap. 20 y JUAN, cap. 15.

**Salmo 137 — Oración del exilado:** Se nota inmediatamente en este salmo la imagen del hombre que, sentado a orillas de un río extraño para él, después de realizar un trabajo muy arduo, añora su patria. El violento grito de venganza que se halla al final del salmo llama verdaderamente la atención. Pero debemos tener en cuenta que el odio implacable hacia los enemigos de Israel estaba en relación con el intenso amor sentido por ella. La práctica descrita en la última línea era en aquellos tiempos muy usada en la batalla.

El Salterio ha sido llamado el libro de oración de la Iglesia. A través de los siglos ha sido considerado como la columna vertebral en las oraciones oficiales, en el culto de adoración de la Iglesia. Esto puede causarnos admiración. ¿Cómo pueden estas oraciones antiguas, vinculadas a una historia nacional tan lejana y llenas de expresiones extrañas a nuestros oídos, reposar en los labios del cristiano cuando reza? ¿Cómo puede un cristiano decir: "¡Feliz el hombre que estrelle a los suyos contra la roca!"?

En primer lugar, debemos tener en mente que el drama de los judíos no es una reducida historia nacional, sino que *es el drama de salvación* que se lleva a cabo en la vida de su Iglesia, y en la de cada cristiano individualmente. Bajo esta luz, los sentimientos de violencia que se encuentran en los salmos pueden explicarse como un esfuerzo del poeta para comunicar la experiencia del autor, ante la realidad de la historia. El salmista se hallaba envuelto en una desesperada lucha entre la vida y la muerte. Este sentido de desesperación es similar al nuestro, como lo fue al de Cristo y al del Salmista. Pues nosotros también estamos comprometidos en una lucha entre la vida y la muerte, contra los enemigos de Dios, ya sea en el mundo que nos rodea como también en nuestros corazones.

**Salmo 22 — Sufrimientos y esperanzas del justo:** Aun cuando este salmo puede haber sido originariamente compuesto como la oración de un justo perseguido, el cristiano que lo lee no puede menos de maravillarse ante los asombrosos paralelismos entre muchos de sus versos y los episodios de la Pasión de Cristo. El salmo es frecuentemente usado por los Evangelistas cuando nos narran la Pasión de Nuestro Señor, y aun El mismo, rezó la primera línea en la Cruz.

*Salmo 23—El buen pastor:* Sin lugar a duda este es el más famoso de todos los salmos. En EFESIOS, cap. 3:17–19, y ROMANOS, cap. 8:35–39 encontramos un hermoso comentario de este salmo. Nótese que este salmo presenta dos realidades diferentes. Las cuatro primeras líneas nos presentan el cuidado amoroso de Dios bajo la imagen del solícito cuidado del pastor por sus ovejas. Las líneas cinco y seis nos muestran a Dios bajo la figura del típico anfitrión oriental, deseoso de que su huésped se sienta como en casa.

*Salmo 51—Una súplica de perdón:* La fecha y origen de este poema no son completamente seguros. Algunos autores lo asignan a David, mientras que otros se inclinan a situar su composición después del Exilio. En cualquier caso, los sentimientos de esta hermosa oración quedan muy bien en los labios de David, el hombre "según el corazón de Dios." Para el cristiano es casi un perfecto Acto de Contrición.

*Salmo 130—De lo profundo:* Este salmo es el famoso "De Profundis." Es una oración de penitencia, pero más que nada es un himno de humildad y confianza en el amor misericordioso de Dios.

### SALMOS DIDACTICOS O "INSTRUCTIVOS"

Los sabios de Israel hicieron uso de los salmos para enseñar a la gente los "caminos del Señor." Los temas de estos salmos podrían ser considerados como "meditación" o "reflexión."

*Salmo 78—Meditación acerca del Dios que actua en la historia humana:* Durante el período de prueba para la nación, probablemente después del Exilio, el salmista encontraba consuelo en las "proezas" que Dios hizo en favor de Israel en el pasado y veía en ellas una promesa para el futuro.

*Salmo 127—Sobre la Necesidad de Abandonarse a la Providencia de Dios:* El salmista da una doble lección a sus oyentes. Primera, el trabajo del hombre es en vano si no está bendecido por Dios. En segundo lugar, El bendice a los que ama, aún cuando éstos no se lo pidan.

## LOS SALMOS PROFETICOS

Estos salmos son una evidencia del conocimiento que los judíos tenían de que sus esperanzas se llevarían a cabo no sólo en hechos presentes, sino sobre todo en las "promesas" que se iban a cumplir en un futuro, para ellos muy glorioso.

*Salmo 110—El sacerdocio del mesías que vendrá:* La lectura del cap. 7 de la EPISTOLA A LOS HEBREOS es muy recomendada para que el lector pueda comprender la elaboración del tema de este salmo.

*Salmo 126—Canto del retorno del exilio:* El salmista ve en el retorno de Israel del exilio de Babilonia, un presagio de la Edad Mesiánica que se aproxima.

## la unidad de los dos testamentos

El salmo fue comunmente usado como oración en la historia de Israel. Encontramos varios ejemplos en los Evangelios, ej., el *Magníficat*—LUCAS, cap. 1:46–55, el *Benedictur*—LUCAS, cap. 1:68–79, y el *Nunc Dimitis*—LUCAS, cap. 2:29–32.

Pero, como hemos dicho, puesto que los Salmos son el Antiguo Testamento en forma de oración, difícilmente se encuentra una página del Nuevo Testamento que no contenga alguna alusión o que no cite directamente algo de los salmos.

## la biblia la iglesia

La Iglesia usa ampliamente los salmos en su vida de oración oficial. Los sacerdotes y religiosas los recitan como una gran parte de su Oficio Divino diario. En la celebración de la

Eucaristía se usa un salmo como respuesta a la primera lectura y se usan versos de los salmos en otros lugares de la Misa. Por este uso tan extenso la Iglesia nos recuerda que somos el Pueblo de Dios de hoy y que nuestras vidas son también un drama de elección, infidelidad, castigo y restauración.

> *"El hecho de que la oración de Israel ha llegado a ser espontáneamente y sin ningún esfuerzo la oración de la Iglesia, pone en evidencia la continuidad de la Historia Sagrada, que la Biblia entera nos ayuda a comprender. . . . De esta manera, cuando llegamos al final de la Antigua Alianza, todo está listo para la Nueva. Pero, inversamente, para que esta "buena nueva," es decir el Evangelio, sea recibido, debe haber corazones preparados, almas deseosas, con el anhelo del Espíritu. Y es el Antiguo Testamento el que nos da esta preparación. Los Salmos traducen este deseo. Son, por ello, la mejor oración del Cristiano, porque son la oración por medio de la cual el Espíritu nos enseña a pedir exactamente lo que el padre desea darnos por intermedio de Su Hijo."*
>
> Louis Bouyer

Es el Hijo quien ofrece esas oraciones con nosotros ahora, compartiendo el viaje con nosotros e invitándonos a ver todo a la luz del Evangelio. Mientras más entendamos la respuesta humana en el pasado, más querremos hacer la respuesta divina en el presente.

## los que practican la palabra

La Iglesia puede hacer de los salmos su libro de oración con el fin de lograr en sus hijos la actitud de espera y de deseo de la "Buena Noticia" de Cristo. Sin embargo, cada uno de nosotros debe también hacer de ellos una realidad en su propia vida. El libro de oración de la Iglesia, debería llegar a ser también nuestro libro de oración.

Y para que esto se realice debemos usar los salmos frecuentemente en nuestras oraciones personales. Haga una lista en una libreta de sus salmos preferidos. Pudiera clasificarlos por títulos como "Oraciones de la Noche," "Oraciones de la Mañana," "Preparación para la Confesión" y "Preparación para la Comunión," etc. Actualmente se encuentran varios libros de oración que utilizan los salmos. Pudiera ser que a Ud. le interese obtener uno de ellos como una ayuda para rezar los salmos.

## preguntas

1. ¿Cuál es el escenario desde el que los Salmistas escribieron?

   _____

   _____

2. Nombre Cuatro Fases de la actividad de Dios en la historia de los judíos.

   A. _____

   B. _____

   C. _____

   D. _____

3. Indique los cuatro tipos generales de salmos que se encuentran en el Salterio:

   A. _____

   B. _____

   C. _____

   D. _____

4. ¿Fueron todos los salmos escritos en un sólo período de la historia de Israel y por un sólo poeta?

   _____

   _____

5. ¿Qué queremos decir cuando decimos que el Libro de los Salmos es la Oración Oficial de la Iglesia?"

_____

_____

## *temas para discusión*

1. ¿Cómo describiría Ud. la actitud del autor del SALMO 8 hacia Dios, la humanidad, el Mundo?

2. Use los sentimientos que expresa el SALMO 122 para componer un salmo que Ud. podría usar cuando entra en la Iglesia el domingo.

_____

_____

3. ¿Qué le dice el SALMO 60 acerca de Dios?

4. ¿Cómo evaluaría Ud. el "concepto de sí mismo," i.e. la manera con que el Salmista se percibe a sí mismo en los SALMOS 18, 22, 51, y 130?

5. Sabiendo lo que usted sabe sobre la inmortalidad del alma, ¿cómo escribiría usted de nuevo el SALMO 39?

_____

_____

# PARA PROFUNDIZAR

## *Los Salmos Como Oraciones*

Cuando usamos los salmos como oraciones, es de la mayor importancia que nos demos cuenta, como de toda la Escritura, que esas expresiones de fe han surgido de muchos períodos diferentes en el desarrollo del pueblo de Dios. Hubo un tiempo en que se pensaba que el Dios de los israelitas era un dios entre tantos, pero más poderoso que otros. Y como las deidades paganas, Yavé podía enojarse fácilmente, ser vengativo y caprichoso. Se podía conseguir que cambiara de idea si se le aplacaba apropiadamente. Era un Dios antropomórfico, creado a nuestra imagen y semejanza. Por consiguiente, podía arrepentirse de lo que había dicho y romper la alianza, causar sufrimiento en su pueblo o pedir venganza sin misericordia de sus enemigos. Detestaba a los pecadores y los castigaba mientras recompensaba a los buenos en esta vida porque después de la muerte no había más que la nada y el vacío para todos.

Nosotros con frecuencia encontramos ideas y actitudes que difieren radicalmente de nuestra perspectiva recibida de Cristo. Este contraste con frecuencia ha ocasionado que las personas se elejen de algunos salmos o peor aún, que los prefieran como expresiones que justifican reacciones contrarias al amor. Más todavía, la queja que se escucha algunas veces es de que los diferentes estados de ánimo del salmista no expresan "mis sentimientos." Quizá lo primero que hay que recordar es que esas fueron las oraciones de Jesús al identificarse a sí mismo con la humanidad en sus mayores debilidades (la necesidad de crecer) y en su poder (el deseo de crecer).

18

Con mucha frecuencia, el salmista empieza en lo profundo de la infelicidad, hasta desesperación, gimiendo con piedad de sí mismo. Entonces la actitud gradualmente se va transformando conforme va recordando la bondad y bendiciones de Dios. Expresiones de frustración y enojo abren paso a una confianza y fe renovada. Mientras que podemos encontrar muchas afirmaciones ajenas a nuestra perspectiva, estamos llamados a darnos cuenta de que así es como la gente ha pensado, en realidad, es como algunas personas piensan hoy día. Somos un pueblo peregrino que necesita cambiar y crecer a través de la oración.

Esas son *nuestras* oraciones, no simplemente *mis oraciones*, y nos llaman a la compasión, entendimiento y paciencia hacia otros con menos visión o con una carga de sufrimiento más pesada. La oración también lleva a darnos cuenta nosotros mismos de que estamos expresando nuestros propios sentimientos, aunque éstos sean inconsistentes con el camino de Jesús. El propósito de la oración no es cambiar a Dios, sino cambiarnos a nosotros mismos. Quizás el darnos cuenta de ésto nos lleve a reexaminar nuestras propias fórmulas de oración, así como debemos usar los salmos con una nueva perspectiva. Nuestras expresiones de fe y necesidades de hoy deben reflejar nuestro crecimiento en el conocimiento de Dios, cuyo amor no cambia, alcanzándonos para salvarnos, no para vengarse de nosotros, levantándonos no por manipulación, sino por gracia.

Levantamos nuestras mentes y nuestro corazón a Dios para que podamos crecer en conocimiento y amor de nuestro creador y salvador. En el proceso, él es nuestro santificador, haciéndonos santos como él es santo, capacitándonos para amar a otros y a nosotros mismos como él lo hace. Esperamos aprender a ser menos envidiosos de las cosas materiales de que gozan los ricos, menos vengativos hacia los que se encuentran atrapados en las redes del pecado, más dispuestos a cantar los cantos de alabanza de Yavé mientras caminamos por las calles de Babilonia.

# SEGUNDA
# LECCION

*Oficial asirio*

# "¡Santo, Santo, Santo!"

*ANTES DE ABRIR SU BIBLIA:*

En esta lección encontraremos a Isaías, el profeta, quien les relata a las gentes sin fe del Sur, el Reino de Judá, de la santidad de Dios, y las consecuencias tan palpables para el hombre.

*"El año de la muerte del rey Ozías":* (ISAIAS, 6:1) Los días de Isaías (siglo VIII a.C.) fueron sin duda tiempos de maldad. La cruel oposición entre el Norte (Israel) y el Sur (Judá) en el siglo X a.C. dió como resultado una perpetua crueldad y odio entre ellos. Esta enemistad era la pared que dividía los dos reinos.

A medida que los días pasaban en la vida de Isaías, la terrible maquinaria militar de Asiria, expandía su gran imperio en el siglo VIII a.C., acercándose cada vez más a los dos pequeños reinos hebreos. Se hacía pues inevitable que Israel y Judá cayeran bajo las sangrientas ruedas de la maquinaria militar de los asirios.

Al igual que su vecino del norte, Israel, el Reino de Judá sufría la cruel opresión de sus pobres. Las falsas religiones cuyos dioses, sedientos de sangre reclamaban la práctica salvaje de sacrificar a los niños inocentes, había también convertido la perversión sexual en un acto sagrado. Cuando Isaías predicaba en las gradas del templo, se podía ver el humo de los altares en que se ofrecían vivos a los niños como un sacrificio agradable a Moloch, el rey de los fenicios. ¡Ese humo obscurecía el cielo de Dios en el corazón mismo de la Ciudad

Santa! Era un tiempo de intriga, en que los hombres abandonando a Dios buscaban alianzas políticas con Egipto o la salvaje Asiria como el único medio de salvar a su país de la extinción total. ¡Los hombres buscaban hacer pactos con los poderosos de la tierra, olvidando su Alianza con el Dios Todopoderoso!

*El plan de Dios:*   En la Primera Parte de *Una Guía para Leer el Antiguo Testamento* dimos un vistazo a la iniciación y a las primeras etapas del plan de Dios para la felicidad de su pueblo. Este plan se cumplió a cabalidad en Cristo y Su Cuerpo Místico, la Iglesia.

Hemos visto que muchas de las cosas que sucedieron como parte de este plan no son historia muerta sino que tienen importancia real aquí y ahora. ¡Porque nosotros somos el Pueblo de Dios, hoy! Somos hijos de Abraham por la fe. Estamos unidos en la participación de la Nueva Alianza como lo estuvieron los Israelitas en la participación de la Antigua Alianza. Sabemos del dinamismo de la Ley de Dios en nuestras vidas como lo sabía el autor del Deuteronomio. Nosotros también esperamos entrar en la Tierra Prometida que es el Cielo. Dios nos ha dicho también a nosotros, "Vosotros seréis mi pueblo y Yo seré vuestro Dios."

*Segunda parte:*   Entramos en la segunda fase, que es el período que comprende desde el Exilio (S. VIII) hasta el tiempo de la invasión romana (S.I a.C.), de la actividad de Dios en la historia humana. Llama la atención en esta parte el gradual y profundo conocimiento del hombre con respecto a Dios y con respecto a su papel en el plan de Dios. Se podría decir que hasta ahora la preparación del pueblo de Dios ha sido en su mayor parte externa. Formaban una nación con una ley y tierra propia. Ahora era preciso intensificar el desarollo interno de este pueblo. Fué privilegio de los Profetas de Dios conducir no sólo a Israel sino al mundo entero a fin de que den un paso gigantesco hacia el encuentro con Dios.

*Los mensajeros de Dios:*   En la primera parte encontramos al profeta Amós. Fué el mensajero de Dios en el Reino del Norte, Israel. Su mensaje era, "Israel debe reflejar la justicia de Dios."

Más tarde, en el siglo VIII a.C. Isaías se basa en la santidad de Dios, su grito es "Dios es justo, Dios es Santo. ¡Israel debe reflejar esta justicia y santidad!"

*AHORA ABRA SU BIBLIA Y LEA:*

ISAIAS, cap. 6–12 — La llamada del Profeta y las Profecías del "Emanuel."

ISAIAS, cap. 42 al 53 — Los Cantos del Siervo

Tal vez le guste leer otros hermosos pasajes:

El Canto del Viñador — ISAIAS, cap. 5:1–7
La Edad de Oro — ISAIAS, cap. 11:1–16
El Himno de Acción de Gracias — ISAIAS, cap. 12:1–6
La Sátira de Babilonia — ISAIAS, cap. 14:3–23

## *detrás de las palabras*

**Una antología:** Podríamos tener la tentación de llamar al libro del Profeta, el "Isaías Portátil" ya que fue compuesto probablemente por los discípulos del Profeta algunos años después de su muerte. No se encuentra el menor indicio de haber querido reunir los sermones y poemas según un orden cronológico. El editor tampoco hace ningún intento por redactar una historia valiéndose de los diferentes textos. Parece más bien que intercaló material escrito por otros sagrados autores durante el Exilio. Probablemente se dió cuenta que pertenecían al mismo estilo o escuela de pensamiento fundada por Isaías, o quizás quiso demostrar que se habían cumplido las profecías anunciadas por el Profeta. La segunda parte de este libro es conocida a menudo como "Segundo Isaías" (cap 40–66) y la mayor parte del material incluído aquí fué probablemente compuesto después de la muerte del profeta, durante el Exilio y después del Retorno.

Puesto que este libro es más que nada una antología, hemos seleccionado unos pocos pasajes entre nuestros favoritos, esperando que éstos le despierten el gusto para seguir leyendo. EL LIBRO DEL PROFETA ISAIAS es una especie de banquete en el que hay algo para todos los gustos.

*Isaías, el hombre:* Era miembro de la nobleza. Por esta razón tenía fácil acceso al rey y a los oficiales de la nación. Parece que desempeñó el papel de estadista durante algún tiempo. Fué un observador muy agudo y su visión profunda de la santidad de Dios no lo alejó de la realidad de la vida. Su vida fue una perfecta boda del místico que vemos en el cap. 6, deleitándose con la visión de la majestad de Dios y el político que discute los asuntos políticos con el Rey Acab en el cap. 7. Desde un punto de vista práctico, su táctica de neutralidad y no-intervención en la lucha por obtener el poderío del mundo antiguo que se extendía entre Egipto y Asiria y Babilonia, debió haber sido lo único que pudo haber salvado la integridad nacional de Judá.

*ANOTE EN EL MARGEN DE SU BIBLIA:*

"La Llamada del Profeta" junto a ISAIAS, cap. 6
"Las Profecías del Emanuel" junto a ISAIAS, cap. 7
"Los Cantos del Siervo Atribulado" junto a ISAIAS, cap. 42

## *para entener estas selecciones*

### LA LLAMADA DEL PROFETA

La visión contenida en ISAIAS, cap. 6:1–13 compendia toda la misión de Isaías. Tenía que ser el gran profeta de la santidad de Dios. En el Antiguo Testamento la idea de santidad implicaba *separación* de cualquier cosa que sea impura. El término, aplicado a Dios, significaba su completa *separación* y diferencia de las cosas que El ha creado. En este contexto es interesante notar que el término "fariseo" que encontramos en el Nuevo Testamento, significaba "el separado." En este caso significaba que el Fariseo estaba separado de la gente, pobre y desconocedora de la Ley, y, por tanto, libre de la contaminación de los demás.

Dios se sitúa completamente aparte de su creación. Pero esto no es sino una parte, porque la santidad de Dios es también activa y pide la colaboración del hombre. Dios es Santo porque *Santifica*. Desea que su creación comparta su santidad. En Isaías encontramos entonces los primeros vestigios del gran misterio de Gracia y Redención. ¡Dios quiere que la creación *comparta* su santidad y quiere que el hombre comparta su propia vida divina!

ISAIAS, cap. 6:1 — Es interesante encontrar que la visión tiene lugar en el Templo. Hasta entonces Dios se había aparecido a los hombres exclusivamente en lugares casi desiertos. El cuadro que pinta Isaías es muy similar al que uno puede haber visto en un gran salón de un monarca Oriental cuando éste se halla sentado en su trono.

ISAIAS, cap. 6:5 — Quizás Ud. desee comparar esta actitud más o menos tradicional que Isaías expresa aquí, con la visión de Gedeón en el LIBRO DE LOS JUECES, cap. 6:22–24 y la de Manoaj en el mismo LIBRO DE LOS JUECES, cap. 13:9–23.

ISAIAS, cap. 6:8–13 — Aquí encontramos una descripción perfecta de la vocación profética. A menudo pensamos que el profeta es aquel que predice el futuro. Pero ésto es sólo accidental en la verdadera vocación profética. La palabra "profeta" realmente segnifica "el que habla en el lugar de otro." El profeta tiene que hablar ante el rey y ante la gente. Tenía que hablar en vez de Dios. El era la conciencia nacional. Algunas veces en su papel de conciencia pública tendría que predecir los resultados de una conducta que es actual, pero esto no era siempre necesario, o, más bien dicho, no era lo primordial en la labor del profeta.

ISAIAS, cap. 6:9–13 — Al principio podría sorprendernos la descripción dada acerca del trabajo que debía ser realizado por Isaías durante toda su vida. Dios le da a conocer la recepción que la audiencia humana iba a dar a su mensaje. La palabra de Dios exige una respuesta de quienes la escuchan. Toda la Biblia podría ser considerada como un diálogo entre Dios y la raza humana. En algunas ocasiones la persona se vuelve sorda a la palabra de Dios, pero esa actitud también es una respuesta.


## LAS PROFECIAS DEL EMANUEL

En ISAIAS, cap. 7 a 11, encontramos las predicciones del Mesías por venir.

*Fondo historico:* (ISAIAS, cap. 7:1–25) Durante este período (742–725 a.C.) Asiria era una amenaza cada vez mayor para la independencia de los pequeños principados de Palestina y Siria. Después de asegurar el desconfiado apoyo de Egipto, que no era sino una débil imagen del poderoso Imperio Egipcio de otros tiempos, tres de estos pequeños estados formaron una coalición al mando de la ciudad de Damasco. El Rey Acab de Judá no quiso unirse a ellos. Esto resultaba desastroso para los planes de la liga porque en Judá se encontraba el eslabón con Egipto en caso de que necesitaran alguna asistencia militar del Sur. Lo único que podían hacer era marchar contra Judá, destronar al Rey Acab y poner a uno de sus propios hombres en su lugar. Cuando Acab se hallaba con Isaías, llegó la noticia de que la coalición estaba marchando hacia la capital. Es probable que en una de las inspecciones que el monarca realizaba en las fortificaciones, se encontró con el profeta. Cf. II REYES, cap. 16:1–20.

*¿Quien era el Emanuel?* En ISAIAS, cap. 7:14–15 el profeta nos presenta a un nuevo personaje en el drama bíblico, Emanuel. El nombre en hebreo significa "Dios con nosotros." Los expertos han dado varias explicaciones a este pasaje. Algunos han dicho que Emanuel se refiere al hijo del mismo Acab, otros al hijo de Isaías y aún otros al Mesías que va a venir. Esta última es la explicación tradicional que se ha dado a través de los siglos tanto a los judíos como a los cristianos. Pudiera ser que Isaías se refiriera a algún hecho contemporáneo que pudo haber sido considerado como un "signo" que debía tener el rey en su vida misma. Pero la luz de la fe nos muestra que este hecho contemporáneo era el primer paso para el definitivo cumplimiento de las promesas, con el nacimiento virginal de Cristo.

## LOS CANTOS DEL SIERVO

Se llaman así estos poemas porque se refieren a otro personaje misterioso identificado sólo como "Mi Siervo."

*Canto no. 1:* (ISAIAS, cap. 42:1–4) Dios presenta a su siervo ante la corte celestial. Aquí encontramos la descripción de la misión del siervo. El va a ser el maestro paciente que enseñe la verdadera fe a toda la humanidad. Este canto va a ser el fondo interesante del Bautismo de Jesús en el Río Jordán. (cf. MARC, cap. 1:9–13)

**Canto no. 2:** (ISAIAS, cap. 49:1–6) Aquí el siervo predica al mundo entero. Es interesante notar que, como Cristo, la misión del siervo se dirige en primer lugar a las "ovejas perdidas de la Casa de Israel" pero aparentemente (ISAIAS, cap. 49:6) dejará este trabajo incompleto y volverá a las demás naciones.

**Canto no. 3:** (ISAIAS, cap. 50:4–9) Podría muy bien ser llamado el canto del Getsemaní del siervo. Pero aún en medio del sufrimiento no pierde la confianza en el cumplimiento de su misión.

**Canto no. 4:** (ISAIAS, cap. 52:13 hasta cap. 53:12) De común acuerdo este es el más importante de todos los cantos. Es el sorprendente retrato del "Hombre de Dolores."

*¿Quién es el Siervo?* Los escritos de los eruditos son una especie de historia policíaca que trata de sacar del texto la identificación del siervo. Los escritores Judíos han tratado de identificar al siervo ya sea con el mesías que debía venir, o con la nación misma, o con los pocos hombres de fe que hay en cada generación. Los escritores Cristianos unánimemente identificaron al siervo con Cristo hasta comienzos del siglo 18. Actualmente están divididas las opiniones acerca de si se refiere *sólo* a Cristo o si los cantos tienen más bien un contenido mesiánico. Jesús escogió cumplir este ideal de la Sagrada Escritura en su propia persona, y la Iglesia, bajo la luz del Espíritu Santo, siempre ha visto en estos pasajes una extraordinaria visión profética de la misión, pasión y muerte del Señor.

## la unidad de los dos testamentos

EL LIBRO DEL PROFETA ISAIAS ha sido llamado a menudo el Evangelio pre-Cristiano. Ciertamente pocos otros libros del Antiguo Testamento han sido tan citados como éste. Y cuando no se cita a Isaías, indirectamente se hace alusión a él. Así como a San Pablo se le llama el Apóstol, y a Santo Tomás de Aquino, el Teólogo, a Isaías se le llama el Profeta. Si su Biblia tiene notas explicatorias, Usted se dará cuenta cómo en todos los Evangelios se hace referencia a los pasajes de Isaías.

## la biblia y la iglesia

Sin lugar a dudas las palabras de Isaías dominan en Adviento, la época en que la Iglesia se prepara para la venida del Señor. Durante los domingos de Adviento, la primera lectura en los ciclos A y B es de Isaías, excepto para el cuarto domingo en el ciclo B, y las primeras lecturas en las tres misas de navidad están tomadas de sus profecías. Su Canto del Siervo Sufriente se usa como la primera lectura el Domingo de 'Ramos y el Viernes Santo, y sus hermosas palabras sobre el papel del Mesías—traer buenas noticias a los pobres, sanar a los enfermos, liberar a los cautivos y consolar a los que sufren—se leen en la Misa para la bendición del Santo Crisma el Jueves Santo. De hecho, en la liturgia se leen más selecciones de él que de ningún otro libro del Antiguo Testamento.

## los que practican la palabra

El capítulo 6 de ISAIAS nos presenta la llamada de un hombre que sentía que no era digno de ser el mensajero de Dios. Cuando escuchó el llamado de Dios exclamó: "¡Ay de mí, estoy perdido, porque soy un hombre de labios impuros . . ." (ISAIAS, 6:5) El Señor envió un ángel que con un carbón encendido tocó sus labios y los purificó. Entonces, cuando el Señor preguntó, "¿A quién enviaré?" Isaías contestó, "Aquí me tienes, ¡Mándame a mí!" (ISAIAS, 6:8) Cada uno de nosotros es llamado a llevar el mensaje del Señor a las personas con quienes vivimos. La mayor parte de las veces nos sentimos incómodos con este papel, sentimos que no sabemos bastante. Nos sentimos indignos, hasta pecadores. Tenemos miedo de decir algo erróneo y hasta envolvernos en una discusión. Tenemos muchas razones para mantenernos callados. Sería tal vez de ayuda memorizar la oración corta que el celebrante recita antes de proclamar el Evangelio en la Misa: "Dios Todopoderoso, purifica mi corazón y mis labios para que pueda proclamar tu Evangelio dignamente."Nosotros podemos decir esta oración si somos llamados a leer en la Misa, pero más importante todavía, podemos decirla cuando nos sintamos llamados a hablar sobre Dios y por El. Este llamado es más frecuente de lo que pensamos. Cuando llegue necesitamos responder como lo hizo Isaías. Necesitamos purificar nuestros labios y nuestro corazón de todo orgullo o falsedad.

## preguntas

1. ¿Cuál es la diferencia entre el primero y el segundo período del desarrollo del plan de Dios?

_____

_____

2. ¿Qué significa el que Isaías sea el Profeta de la Santidad de Dios?

_____

_____

3. ¿Por qué se puede decir con verdad que un profeta no sólamente predice el futuro?

_____

_____

4. ¿Es verdad que profeta es esencialmente aquel que ve el futuro? Explique su respuesta.

_____

_____

5. ¿Por qué razón podía Isaías ver al Rey tan fácilmente?

_____

_____

6. ¿Hay alguna semejanza entre la situación política del tiempo de Isaías y la que estamos viviendo hoy día? Explique.

_____

_____

## temas para discusión

1. ¿Cuál cree Ud. es el rasgo más característico del mensaje de Isaías? ¿Podemos sacar de él alguna enseñanza para nuestra propia actitud religiosa?

2. Recuerde una ocasión en que se haya sentido llamado a hablar sobre Dios o Jesús. ¿Cómo sintió el llamado? ¿Cómo se sintió? ¿Qué hizo?

3. ¿Cómo explicaría Ud. la actitud de Acab en ISAIAS, cap. 7:14–16?

4. Cuando usted escucha las palabras "Emanuel" o "Salvador," ¿qué imagen viene a su mente? ¿Qué significan esas palabras para usted en su propia vida?

## Discusión en Grupo Acerca de la Biblia

El estudio y reflexión del texto de la Biblia por el individuo en particular es fundamental para desarrollar aquellos puntos de vista que profundizan y vitalizan nuestra fe cristiana. Pero el estudio y discusión de la Sagrada Escritura hecha en grupo puede añadir mucho más a la comprensión de la palabra de Dios.

Los dos métodos son complementarios. Los dos tienden a conseguir el mismo fin. Podemos describir este fin como el entendimiento de lo que el Escritor Sagrado intenta comunicarnos, las circunstancias en las que escribió, y el significado del mensaje para la vida de cada uno de nosotros.

He dicho que el estudio individual y la discusión en grupo son complementarios. La discusión en grupo con un buen líder completa los puntos de vista obtenidos en el estudio individual y da la discusión en grupo, abrirá nuevos caminos que antes eran desconocidos para los componentes del grupo.

El lector serio de la Biblia busca una manera personal de comprender las relaciones de Dios con los hombres y la respuesta que Dios está pidiendo de él. Ciertamente que para ningún cristiano es desconocida la promesa de Cristo, "Dondequiera que dos o más se reunan en mi nombre, Yo estoy en medio de ellos." ¿De qué mejor manera puede entonces el cristiano desarrollar la "introspección evangélica" de la que hemos estado hablando, si no es por medio de la discusión en grupo?

Por supuesto, cuando hablamos de la discusión en grupo no queremos decir una mera "sesión para discutir" que a menudo es sólo un compendio de ignorancia y de falta de información. Cada persona debe tener la buena voluntad de prepararse por medio de una cuidadosa prelectura de la lección de la Sagrada Escritura que ha sido asignada, como también del fondo y del comentario que se encuentra en la *Guía* o en alguna otra fuente de información.

Los miembros del grupo deben tener en cuenta que están allí para discutir la *Biblia* y no para usar el Texto Sagrado como un pretexto para discutir algo sin importancia o relacionado ligeramente con el tópico.

Cada buen grupo de dicusión de la Biblia incluirá los siguientes puntos aunque, es preciso decirlo, no se siga necesariamente este orden.

1. El líder debería recordar al grupo los objetivos de la discusión de la Biblia en grupo.

2. Los miembros deberían informar acerca de los resultados de su estudio individual, valiéndose de las preguntas dadas en la lección, como una guía.

3. Análisis en grupo de los pasajes más importantes de la Escritura.

4. Discusión de las varias conclusiones a las que se ha llegado después de comparar y evaluar los estudios individuales del Texto Bíblico y el contexto de nuestra Fe Católica.

5. El líder debería formular cualquier común acuerdo al que se ha llegado, y señalar las áreas donde quedan todavía problemas por resolver, para un estudio posterior o para consultar.

6. Se deben señalar las lecturas y preguntas para la siguiente sesión.

# TERCERA LECCION

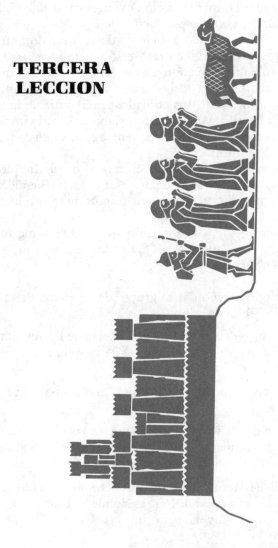

*Cautivos llevados al exilio*
*(Palacio de Tiglad-Pileser)*

# "Contemplemos el Día"

*ANTES DE ABRIR SU BIBLIA:*

Para cada crisis de la historia sagrada el Señor tendría preparado un hombre según su corazón. Y verdaderamente fue una crisis la que se suscitó con la conquista de Judá por los babilonios. Este hecho marcó un punto decisivo en la historia del pueblo de Dios. El período del destierro (S. VI a.C.) puso fin a la vida política de la nación. Las promesas de Dios a Abrahán habían sido hasta ahora interpretadas en un sentido material. ¡Ahora se las iba a mirar gradualmente bajo una luz nueva y espiritual! Este cambio gradual en la comprensión de las promesas de Dios a Abrahán se debió, en gran parte, al profeta Ezequiel. El que Israel se viera a sí misma como la encargada de la misión espiritual de hacer conocer al mundo entero quién era el verdadero Diso, fué sin lugar a duda el resultado más grande de la historia durante el segundo período del Antiguo Testamento.

Fue durante el período del Destierro, casi setenta años, cuando la nación dió los pasos más gigantescos hacia la realización del objetivo que Dios tenía para ella. Debido a la intensidad con que se desarrolló la vida religiosa en este tiempo, especialmente en lo que se relaciona con la adoración en el Templo, el pueblo llegó a ser más una comunidad religiosa que una nación.

"La Llamada del Profeta"—EZEQUIEL, cap. 2 y 3

"El Destierro"—EZEQUIEL, cap. 6 y 7

"La Alegoria de la Esposa Infiel"—EZEQUIEL, cap. 16

"Castigo y Perdon"—EZEQUIEL, cap. 18

"Muerte de la Esposa de Ezequiel"—EZEQUIEL, cap. 24:15–27

"Esperanza y Consuelo"—EZEQUIEL, cap. 33 y 34

"La Restauración"—EZEQUIEL, cap. 36:16 al cap. 37:14

(NOTA: Unas de las secciones mas hermosas del libro es EZE-QUIEL, cap. 25–32. Cap. 27, 28:1–19 y cap. 31:1–18 son especialmente dignas de ser leídas.)

## detrás de las palabras

*Ezequiel el Hombre:* Ezequiel era hijo de un sacerdote de Jerusalén llamado Buzi. El padre de Ezequiel había sido sacerdote antes que él y había servido a Dios en el gran Templo de la Ciudad Santa. A través de su ministerio, Ezequiel, un hombre justo, temeroso de Dios y muy abnegado, estaba muy ligado con los acontecimientos que se sucedían en Jerusalén. Era un patriota ardiente y, entre todos los profetas, el más favorecido con extraordinarias experiencias místicas.

Esta combinación de misticismo y preocupación por los asuntos materiales es algo que llama la atención. Ya sea por sus visiones, o por sus experiencias psíquicas, o por sus profecías llevadas a cabo, Ezequiel puede parecer una figura extraña y quizás un poco rara al lector moderno. Pero Ezequiel fué también profeta, sacerdote, maestro, teólogo, poeta y organizador. Y en todos sus papeles hay algo sumamente claro y es que fué un hombre de una fe inquebrantable. Una sola cosa le importaba más que todo lo demás y era—¡la gloria de Dios!

*El Río Quebar:* Ezequiel vivía y profetizaba entre los judíos desterrados en Babilonia. El fue el profeta de los campamentos de los desterrados durante el período desde el año 597 al 538 a.C. Mientras el Profeta Jeremías permanecía en Judá para dar testimonio del Señor en medio del caos y de las ruinas, Ezequiel en el destierro tenía la tarea de conservar con vida el pequeño resto que aún quedaba. Sería esta pequeña porción la que un día volvería a la Tierra Prometida y restauraría la nación.

A medida que usted lee las diferentes partes del libro podrían llamarle la atención sus aparentes actitudes contradictorias. La primera sección (cap. 1 al cap. 35) es muy pesimista, mientras que la segunda parte (cap. 36 al cap 48) es muy alegre y optimista.

El problema se resuelve si se toma en cuenta que estas profecías se basan en el Destierro. La salida hacia Babilonia tuvo lugar en tres etapas. Los dos primeros grupos de desterrados eran en su mayoría cortesanos y hábiles artesanos. Fueron tomados como presos políticos a causa de la lealtad hacia sus compatriotas. Ezequiel pertenecía a este grupo. Al principio, los desterrados conservaban su ánimo optimista. Se imaginaban que tan pronto como Babilonia se convenciera de la lealtad de Judá, iban a regresar a sus hogares. Por supuesto que el destierro era penoso y a menudo lleno de incomodidades, pero pronto desaparecería como una pesadilla. Viendo este optimismo, Ezequiel les decía, "Si piensan que las cosas van a mejorar, prepárense para una sorpresa desagradable, ¡todavía no han visto nada! ¡Jerusalén va a ser destruida!"

En el año 587 a.C. estas palabras fueron amargamente recordadas cuando llegaron las noticias a Babilonia de que se había aplastado una rebelión en Judá, que el Rey Sedecías de Judá había sido hecho prisionero, y que el Templo y la ciudad habían sido destruidos. Cuando el último grupo de míseros desterrados llegó a Babilonia, toda la comunidad judía se hundió en la más negra desesperación.

Una vez más Ezequiel miraba hacia el futuro. Esta vez iba a desempeñar un papel diferente. Durante los áridos años de espera, sus palabras iban a ser el rayo de esperanza y la fuente de consuelo de una nación postrada. Sus palabras "Dios no ha abandonado a su pueblo" eran el grito de fortaleza para los espíritus decaídos. Un día aparecería la nueva Israel, la nueva Jerusalén, el Nuevo Templo y la Nueva Alianza entre Dios y el hombre.

*ANOTE EN EL MARGEN DE SU BIBLIA:*

"Causas del Destierro"—junto a EZEQUIEL, cap. 4. (esta sección fue probablemente escrita antes de la destrucción del Templo en el año 597 a.C.)

"Contra los Vecinos de Judá"—junto a EZEQUIEL, cap. 25. (probablemente escrita durante el sitio de Jerusalén).

"Palabras de Esperanza"—junto a EZEQUIEL, cap. 33. (probablemente escrita después de la caída de Jerusalén).

"La Nueva Jerusalén"—junto a EZEQUIEL, cap. 40. (probablemente escrita unos pocos años después).

## *para entender estas selecciones*

El profeta señala repetidamente que los castigos que ha sufrido Judá tienen un solo fin, el de proclamar a Israel y a las naciones la naturaleza y los planes de Dios, Señor de *toda* la tierra.

Ezequiel es el primero entre los profetas en hacer conocer completamente que Dios está interesado en la persona individual. Los antiguos Israelitas estaban tan convencidos de la preocupación de Dios por la nación, que descuidaron la responsabilidad individual y las relaciones directas entre la persona y su Dios.

Algunos comentadores creen que la muerte de su esposa, tan amada por el profeta, le aturdió tanto que no podía dar rienda suelta a su dolor de la manera como uno suele hacerlo en medio de lamentaciones. Dios le preparó con esta tragedia personal para que buscara un significado más profundo en esta pérdida. Otros piensan que estos versículos se refieren más bien a una descripción simbólica del dolor de los desterrados ante la caída de Jerusalén.

EZEQUIEL, cap. 33–40:   La caída de Jerusalén señala un nuevo rumbo en la carrera de Ezequiel. De profeta de la adversidad se transforma en profeta de la esperanza, y para marcar este cambio, su llamada y su misión se confirman nuevamente.

Esta manera de ver el Regreso del Destierro, nos presenta al Redentor no en términos de un conquistador que infunde miedo, sino más bien como un humilde pastor. Este es otro paso hacia el entendimiento gradual y progresivo de la misión del Mesías por parte del pueblo de Dios.

El destino de Israel era el de ser una nación *santa*, no una nación conquistadora. El propósito de los juicios de Dios había sido mostrar su santidad a las naciones por medio de la purificación de su pueblo, de su tierra, y de su templo. En medio de su orgullo como nación los Judíos esperaban el "Día

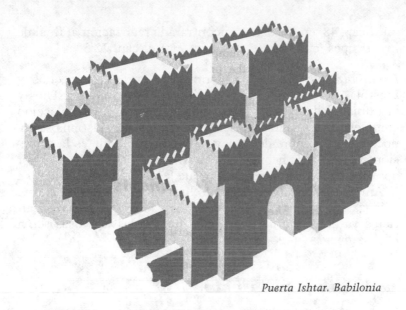

*Puerta Ishtar. Babilonia*

del Señor." Pero en vez de un día de triunfo iba a ser un día de condenación. Pero el profeta esperaba otro "Día del Señor," en el que el mal desapareciera para siempre. En Cristo el "Día del Señor" tuvo su comienzo y solamente tendrá su fin cuando todos los reinos de la tierra se conviertan en su reino y El sea su príncipe para siempre.

## la unidad de los dos testamentos

**El buen pastor:** Las palabras de Cristo en las que se describe a Sí mismo como el *Buen* Pastor, EVANGELIO DE SAN JUAN, cap. 10:1–16, desarrollan notablemente el tema del pastor encontrado en el cap. 34 de las PROFECIAS DE EZEQUIEL. Jesús es el "Gran Pastor," HEBREOS, cap. 13:20, que asume en sí mismo todo el ministerio pastoral. El ha venido a "reunir el rebaño de Dios."

**La Nueva Jerusalén:** El influjo que tenía Jerusalén en el Antiguo Testamento, pasa con la venida del Mesías, a la Iglesia aquí en la tierra y a la "Jerusalén celestial": cf., EZEQUIEL, cap.

40 al cap. 48, en la cual se encontrará la realización al final de los tiempos, cf., APOCALIPSIS, cap. 21:1 al cap. 22:5.

*La alianza de paz:* Una y otra vez en los Evangelios y Epístolas, se hace referencia a la Nueva Alianza entre Dios y la humanidad inaugurada en Cristo. En efecto, la colección completa de los sagrados escritos de la Iglesia Cristiana se conoce con el nombre de "Nuevo Testamento," que es la expresión griega para la hebrea "Nueva Alianza." Se llama *nueva* por dos razones, en primer lugar porque Jesús dió cumplimiento a la Antigua Alianza y en segundo lugar porque a través de esta Alianza sellada con la sangre del Salvador, el Cristiano participa ya del reino de Dios en el que "todas las cosas serán hechas nuevas." (APOCALIPSIS, cap. 20:5-7)

## la biblia y la iglesia

San Agustín en uno de sus sermones refiriéndose a la Iglesia como la nueva Jerusalén, comentó:

> *"Esta cuidad se está construyendo ahora. Los que predican la verdad están labrando las piedras de las montañas y las están puliendo para que encajen en la construcción que durará por siempre. Muchas piedras están todavía en manos del Artífice; y no deben caer de sus manos, si van a servir para la construcción del templo. Esta es entonces la Jerusalén que se está construyendo como ciudad; y su fundación es Cristo."*

Desafortunadamente, muchos cristianos son tentados a evaluar el éxito de construir la Nueva Jerusalén por el tamaño de los edificios y el número de miembros en la comunidad. Esto lleva a una comodidad y complacencia en las bendiciones aparentes prodigadas en la gente buena y a una falsa seguridad y anonimato dentro de ese grupo. Para el observador superficial este es ciertamente el día del favor del Señor. Pero para el profeta, las señales de peligro son evidentes y él nos llama a preocuparnos más por el crecimiento espiritual que el material.

Cuando el número de los que van a la Iglesia disminuye, las vocaciones religiosas declinan, las instituciones educativas se cierran, y las viejas costumbres se ignoran, empezamos a sentirnos amenazados. Pero el profeta nos asegura que éste es el día del Señor, urgiéndonos a abrirnos nosotros mismos a la depuración y pulimiento del Maestro Constructor, que siempre nos apoya, para que no nos convirtamos únicamente en parte de una estructura terrena, sino en miembros sólidos de la ciudad celestial de Dios.

## *los que practican la palabra*

La iglesia parroquial es un signo concreto de la presencia de Dios entre nosotros, y una prenda de sus promesas de recibirnos en la Jerusalén Celestial. Por esta razón debemos enorgullecernos de hacerla hermosa y mantenerla en buenas condiciones. Sería interesante encontrar algo de su historia y especialmente algo sobre los símbolos, estatuas y cuadros que la embellecen.

Sin embargo, el edificio de la iglesia es sólo eso—un edificio. Las personas que forman la parroquia, y estas personas por su apertura a la gente nueva que llega, su interés por los pobres y oprimidos, y su decisión de llevar la Buena Nueva, crean la Nueva Jerusalén en un barrio particular. Usted mismo, con su familia, o con un amigo, repase exactamente lo que usted hace para contribuir a hacer de la parroquia una comunidad viviente, y cómo espera usted que sus esfuerzos hagan avanzar el Reino de Dios. Si encuentra que no hace gran cosa, sinceramente pregúntese a usted mismo, "¿Por qué?" Quizás va a descubrir que sus razones para no participar se basan en experiencias pasadas que necesita olvidar o en expectaciones irrealistas de una comunidad muy humana.

## *preguntas*

1. ¿Por qué fue el Destierro un punto clave en el desarollo religioso de los judíos?

_____

_____

2. ¿Quién fue en gran parte responsable de este cambio?

_____

_____

3. ¿A qué lugar fueron llevados los desterrados?

_____

_____

4. ¿Cuáles fueron las razones para que el profeta se sintiera pesimista al comienzo y después optimista?

_____

_____

5. ¿Cuál era la profesión del profeta antes de su llamada?

_____

_____

## temas para discusión

1. El significado oculto de los acontecimientos que se sucedían fue explicado a los hebreos por los profetas. ¿Hay algo semejante al oficio de profeta en la Iglesia de hoy? ¿Qué sabe Ud. acerca del oficio del profeta? Compare EZEQUIEL, cap. 2 y 3 con cap. 6 y 7.

2. ¿Hemos llegado a convencernos tanto de la responsabilidad personal que hemos olvidado la responsabilidad comunitaria? ¿Cuál sería un balance efectivo? Compare EZEQUIEL, cap. 3:16–20 y EZEQUIEL, cap. 18.

3. ¿La imagen del amor matrimonial usado por el profeta (EZEQUIEL, cap. 24:15–27) nos dice algo acerca del amor del patriota por su país?

4. ¿Cuál era el significado de las palabras dichas por el profeta a las gentes con respecto a que Dios les daría "un nuevo co-

razón y un nuevo espíritu"? (Cf., EZEQUIEL, cap. 36:25–32;
EZEQUIEL, cap. 18:13–32)

5. ¿Qué piensa Ud. de lo siguiente?

"Uno debe desprenderse del sentimiento piadoso que
fácilmente nos hace ereer que el pertenecer a un rebaño es
una invitación a convertirse en un manso cordero." Cf. EZE-
QUIEL, cap. 33 34.

6. Lca EZEQUIEL, cap. 16—Es la alegoría de la esposa infiel.
¿Cómo se contesta en ella a las siguientes preguntas?
A. ¿Por qué castiga Dios?
B. ¿Por qué perdona?
C. ¿Cuál es la relación de Israel con las otras naciones?

*Querubines y diosa. Damasco.*
*(Palacio de Hazael)*

# PARA PROFUNDIZAR

## El Papel de los Profetas

En nuestros días el significado de la palabra "profeta" es alguien que predice el futuro. Desafortunademente esto es una desviación. El papel del profeta es de "hablar" en el nombre del Señor. Si el pueblo de Dios es demasiado confiado y complaciente, él le advierte de sus flaquezas y su necesidad de ARREPENTIMIENTO. Si se desaniman les asegura que Dios se interesa por ellos y les llama a CREER en su poder salvador. Los profetas están tan convencidos de Emanuel — la presencia salvadora de Dios con su pueblo — que ellos ven nuevo significado en la aflicción de los tiempos. Los Siervos Sufrientes de Yavé soportan las dificultades, no como dolor carente de sentido, sino como una oportunidad de crecimiento personal y reorganización de la comunidad. El profeta está tan convencido de su valor positivo que él imagina los resultados últimos.

El discurso escatológico, una descripción del día del Señor por el que suspira el corazón humano, se vuelve la afirmación final de fe y esperanza. Es una visión apocalíptica del gozo y paz bendito que puede ser descrito sólo en términos humanos, pero con una verdad divina que va más allá de imágenes del mundo. el autor humano sólo puede describir en términos terrenos lo que el Hijo de Dios nos recordará, que es un reino que no es de este mundo.

Los últimos capítulos de Isaías imaginan un mundo nuevo en el que las exigencias de la justicia serán satisfechas y todas las personas llegarán a reconocer la gloria de Yavé. Pero los versos son fuertes con pensamiento de venganza contra los enemigos. Esta actitud será modificada en escritos posteriores y finalmente en las enseñanzas de Jesús que nos llama a amar a nuestros enemigos.

Los capítulos finales de Ezequiel detallan, no como una copia, sino como una expresión elaborada de esperanza de perfección, la ciudad y el templo del futuro, la morada de Dios entre su pueblo. De este templo fluyen aguas que dan vida y que transforman todas las aguas de la tierra, haciéndolas saludables, capaces de dar salud y vida en abundancia. Es un sueño de paraíso ganado de nuevo, una primavera sin fin y un tiempo de cosecha, porque como su nombre lo indica, "Yavé está ahí" y ellos han llegado a darse cuenta de que él está en todas partes y siempre y para siempre.

Esta poesía de inspiración humana y divina recibirá expresión plena en el estilo apocalíptico de los autores de EL LIBRO DE DANIEL en las Escrituras hebreas y en el LIBRO DEL APOCALIPSIS en el Nuevo Testamento.

# CUARTA LECCION

*Toro alado*
*(Bajorelieve persa)*

# "Con una mano trabajaban y con la otra sostenían el arma."

**El resto regresará:** Ya lo había predicho el Profeta. El Salmista también lo había cantado. Y ahora en el Siglo VI a.C. un pequeño residuo de los que habían regresado del Destierro se reunieron en la que en otros tiempos fuera la espléndida ciudad de David. ¡El Pueblo de Dios había regresado! Era un nuevo comienzo. Un nuevo período en el plan de Dios para la felicidad del hombre había comenzado. Un mejor entendimiento de la misión del pueblo de Dios que iba a llevarse a cabo.

Después de medio siglo de Destierro, Jerusalén estaba despoblada y en ruinas. La mayoría de las tierras estaban sin cultivar y los pocos sobrevivientes fueron recibidos con apatía y aún con una abierta hostilidad por aquellos que se habían quedado en Palestina durante el Destierro. Estos últimos eran una mezcla de judíos y paganos, muchos de ellos unidos en matrimonio. No era ésta la gloriosa restauración con la que habían soñado mientras se encontraban en Babilonia y muchos cayeron en la desesperación.

**Las murallas de Jerusalén:** Nehemías, el gobernador civil, trabajó valientemente para reconstruir las murallas de la ciudad y esteblecer una pequeña cabeza de puente para Israel en su antigua tierra. Esdras, el sacredote, después de algunos años, trabajó con igual dedicación para eregir una "muralla de la ley" alrededor del resto de Israel. Detrás de esta "muralla" o "muro de la ley" los judíos debieron vivir una vida de privación. El poder político ya no existía, y la gente nada más tenía que abrir los ojos para darse cuenta de ello; las ruinas carbonizadas de la Ciudad Santa, los espías del emperador persa y los vecinos abiertamente hostiles, todo hablaba del fin de toda prominencia política. Pero algunos de los dirigentes del pueblo—Esdras y Nehemías en particular—estaban decididos, a toda costa, a conservar la nación fiel a su misión espiritual de custodio de la pequeña llamita de la fe, hasta "el Día del Señor." En aquel día el plan de Dios se cumpliría y su pueblo saldría triunfante.

*AHORA ABRA SU BIBLIA Y LEA:*

NEHEMIAS, cap. 2, 4 y 6
ESDRAS, cap. 9 al 10:18

## detrás de las palabras

**El nuevo Israel:** La primera vez que encontramos la palabra "judío" es al retorno del Exilio. Esta palabra nueva marca una época en el desarrollo del plan salvífico de Dios para la felicidad del hombre. Fue un período de preservación de la fe de los antepasados y de un nuevo crecimiento hacia una fe más espiritual. En esta época se originan las costumbres y formas de culto que encontramos en el Nuevo Testamento. Es el tiempo en que los *escribas*—la mayoría de los cuales eran laicos dedicados al uso y aplicación de la ley—comienzan a ser prominentes. Dos instituciones religiosas nuevas también datan de ese período: el *Sanedrín* o consejo de ancianos, reemplazaba sobre todo al rey como gobernante del pueblo de Dios; y las *sinagogas* locales, que poco a poco se convirtieron en el centro de enseñanza religiosa y de culto. A la luz de las condenaciones a los "escribas y fariseos" que encontramos en el Nuevo Testamento, podemos correr el riesgo de juzgar demasiado duramente el trabajo que estas instituciones tuvieron en la época que nos ocupa. Pero, sin dejar de reconocer los abusos unidos a estos oficios, no debemos olvidar el papel que ellos jugarían en la preparación de la "plenitud de los tiempos," cuando dejarían su sitio a la universalidad de Cristo y su Iglesia.

46

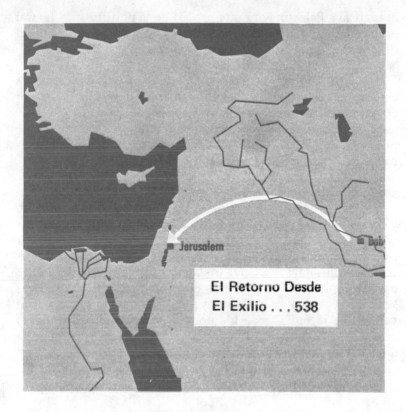

El Retorno Desde
El Exilio . . . 538

*ANOTE EN EL MARGEN DE SU BIBLIA:*

"Construyamos las murallas de Jerusalén,"—junto a NEHEMIAS, cap. 2, 4, 6

"El problema del matrimonio mixto,"—junto a ESDRAS, cap. 9–10:18

## para entender estas selecciones

*"Le he fijado un plazo":* (NEHEMIAS, cap. 2:6) Nehemías desempeñó el oficio de gobernador de los judíos por espacio de doce años. Es importante anotar que Nehemías evita, con todo cuidado, el mencionar la construcción de fortificaciones, con excepción de la pequeña que resguardaba el templo, pues ésto hubiera podido ser motivo de sospecha para cualquier monarca del Este. El que el Emperador de persia permitiera a los judíos

el regreso a Palestina era una prueba de la política más liberal empleada por estos monarcas, en contraste con el cruel despotismo de los asirios y Babilonios.

**Sambalat y Tobias:** (NEHEMIAS, cap. 2:10) Estos dos hombres estaban a la cabaza de la oposición. Sambalat era el gobernador de Samaria, mientras que Tobías era la cabeza de la poderosa familia que llevaba su nombre. Estos dos hombres se preocupaban mucho al ver que ninguna restauración permanente de los judíos se llevaba a cabo.

**Los Samaritanos:** (NEHEMIAS, cap 2:20) Compare este versículo con el de ESDRAS, cap. 4:1-6. La aversión que el estricto y celoso líder del nuevo Israel sentía por la gente que le rodeaba podía ser imaginada con toda facilidad. La ayuda ofrecida por los Samaritanos fué bruscamente rechazada. Los Samaritanos eran aquellos colocados por los asirios en Palestina del Norte para reemplazar a los Israelitas deportados (c. 721 a.C.). Estos se habían casado con Israelitas y habían adoptado varias observancias de la religión de los hebreos, mezclando con ella su paganismo. El rechazo de la ayuda ofrecida en la reconstrucción del Templo y de la misma Jerusalén fué el origen de la contienda entre judíos y Samaritanos la misma que duró hasta el tiempo de Jesús.

**Un falso amigo:** (NEHEMIAS, cap. 6:10) Como las murallas estaban ya construídas había menos temor del ataque de los de afuera. Sambalat y Tobías tenían que afrontar ahora una serie de conspiraciones e intrigas. Lo que se narra aquí fue un intento para descreditar a Nehemías ante los ojos del pueblo. Ninguno de los seglares fué permitido entrar al interior del santuario del Templo.

**El problema del matrimonio con los no-Judíos:** (ESDRAS, cap. 9:1-15) A través de la historia del pueblo de Dios éste había sido un problema constante. Puede ser que el lector se interese en buscar aquello que tiene relación con este punto (EXODO, cap. 34:15-16, DEUTERONOMIO, cap. 7:1-5; I REYES (III REYES), cap. 11:7-13), que muestran con toda claridad el daño causado a la fe por los matrimonios con los paganos de los alrededores.

*Una solución drástica:* (ESDRAS, cap. 10) Las drásticas medidas adoptadas se debieron al lamentable estado en que se encontraban. El débil grupo de los que regresaron y los indiferentes "nativos" fueron extremadamente vulnerables a las influencias externas. Con toda razón, Esdras presentía que si continuaban los matrimonios con los paganos, el pequeño grupo de judíos iba con toda seguridad a desaparecer, en la caldera hirviente del Mediao Este.

## la unidad de los dos testamentos

Hay una cierta continuidad histórica entre ESDRAS y NEHEMIAS y los Fariseos de los Evangelios. El interés que estos dos reformadores tenían por restaurar a Israel sobre los fundamentos de la Ley, había degenerado en el tiempo de Nuestro Señor, en un legalismo que a la larga causaba un daño enorme al espíritu de la religión. Pero sería un grave error pensar que el interés que ellos tenían por cumplir la Voluntad de Dios en medio de su pueblo, estaba incluído en el reproche que el Señor hiciera de los Fariseos. Los Fariseos condenados por el Señor, fueron los descendientes viles de la noble y temerosa generación de Esdras y Nehemías.

## la biblia y la iglesia

Hemos visto como Nehemías y Esdras llevaron a cabo la restauración de Israel basada en la fidelidad a la Ley de Moisés. Orígenes, que vivió en Africa en el Siglo III después de Cristo, nos muestra el lugar que la ley tiene en la vida del Cristiano. Haciéndose eco de las palabras de Jesús "No he venido a destruir la Ley sino a cumplirla," nos dice:

*"Jesús nos lee a nosotros la Ley cuando nos explica las cosas escondidas en la Ley. Porque nosotros, que pertenecemos a la Iglesia Católica, no rechazamos la Ley de Moisés, sino que la acojemos, con tal de que Jesús nos la lea. Y puesto que nos la lee, debemos someternos a su interpretación. Debemos con toda seguridad dar crédito a San Pablo cuando nos dice 'Tenemos el mismo pensar de Cristo, para que podamos conocer las cosas que nos han*

sido dadas por Dios, de las cuales también nosotros hablamos.'—derivó su entendimiento de aquella fuente. Esto era verdad cuando en el camino a Emaús los discípulos se preguntaban '¿Acaso no ardía nuestro corazón, mientras nos explicaba las Escrituras?' Cuando comenzaba con la Ley de Moisés y en seguida mencionaba a los Profetas, siempre hacía alusión a los pasajes que se referían a Sí mismo."

Los cristianos de hoy siguen luchando por entender los Mandamientos como los entendió Jesús. Algunas personas se sienten cómodas sólo cuando alguien de autoridad les dice, "Esto es lo que Jesús quiso decir. Esto es lo que usted debe hacer o no hacer." A otros no les gusta que les digan lo que deben hacer. Ellos sienten que "una voz interior" les va a decir lo que está bien y lo que no. Nosotros necesitamos seguir la voz interior, nuestra conciencia, pero esa conciencia necesita ser iluminada y guiada por la voz de Jesús en la Iglesia.

## los que practican la palabra

Esdras y Nehemías trabajaron mucho para reconstruir una ciudad que había sido destruída. La Iglesia se ha estremecido hasta sus cimientos por los cambios políticos, culturales, tecnológicos y religiosos de los últimos 24 años. Estos cambios se han sentido en el nivel parroquial y es necesario hacer una reconstrucción. Podemos mirar con nostalgia al pasado o podemos tomar lo que tenemos y nempezar a reconstruír. Esta reconstrucción se realizará cuando los laicos acepten de buena voluntad los varios ministerios en la parroquia, tomen parte activa en fijar la dirección de la parroquia y en implementar esa dirección, y cuando se reúnan en grupos pequeños a orar y estudiar juntos.

## preguntas

1. ¿Quiénes fueron los dos grandes reformadores al Regreso del Destierro?

   A. _____

   B. _____

2. ¿Cuál fué la nueva palabra introducida en la Biblia en este tiempo?

   _____

   _____

3. ¿Qué nuevo adelanto se llevó a cabo en el plan de Dios para le felicidad del hombre en el Siglo Sexto a.C.?

   _____

   _____

4. ¿Qué nueva clase profesional apareció en este tiempo?

   _____

   _____

5. ¿Qué dos nuevas instituciones religiosas aparecieron?

   A. _____

   B. _____

## *temas para discusión*

1. ¿Diría Ud. que Esdras y Nehemías son modelos de Fe?

2. ¿En qué formas cree que usted podría imitarlos?

3. ¿Qué piensa Ud. de la regla implantada por Esdras (ESDRAS, cap. 9:1–15)?

4. ¿Cree usted que sería recomendable tal regla hoy día?

5. ¿Piensa Ud. que hay alguna diferencia en la manera con que Esdras y Nehemías llevaron a cabo la restauración de la fidelidad de los judíos a su Dios? ¿En qué consistiría esta diferencia?

6. ¿Qué evidencia ve usted de esas dos direcciones en los esfuerzos por renovar la Iglesia después del Vaticano II?

# PARA PROFUNDIZAR

## El Nuevo Israel

El regreso del destierro fue un nuevo comenzar para el pueblo de Dios; el viaje/peregrinación de Abraham se repite al moverse ellos de Babilonia a Jerusalén. Ellos también, dan el paso de fe de establecer la Ciudad de Dios, pero con un entendimiento diferente de lo que ha de ser el reino. El viejo reino de Saul, David y Salomón, había sido destruido; hasta la tierra se había dividido así como el pueblo.

Este grupito que regresaba son los Yeudim descendientes de los primeros pobladores del territorio de Judá. Ellos trajeron a su regreso un nuevo nombre y un nuevo lenguaje. (El arameo se convierte en la lengua de la vida diaria en Palestina) y se introducen nuevos caminos.

Surge un nuevo sentido de comunidad con sacerdotes y laicos compartiendo responsabilidades como nunca antes se había hecho. Descubrieron que su Dios no está limitado a límites raciales y geográficos. El estuvo con ellos en Babilonia y trabajó en su favor a través de los paganos (Ciro en el primer capítulo de Esdras, y Artajerjes en el capítulo dos de Nehemías, son los instrumentos de la voluntad de Yavé). Y ahora ellos podían adorar a este Dios omnipresente no sólo en el Templo de Jerusalén una vez al año, sino en las sinagogas de sus propios poblados, y en realidad, en sus propias casas, cada semana, cada día, cada momento. Sus oportunidades para la educación religiosa se ampliaron en el nivel local conforme los hombres laicos adquirieron más conocimiento de los escritos sagrados. Era una época nueva de participación de los laicos, muy parecida a nuestra propia época post-conciliar. Es esencial para nosotros aprender de los éxitos y fracasos de sus esfuerzos y responder generosamente a los reclamos del espíritu en nuestro viaje/peregrinación de hoy.

# QUINTA LECCION

*"Ruth iba detrás de los cosechadores*
*recogiendo las mozorcas de maíz*
*que quedaban. . . ."* RUT 2:3
*(Figura en la tumba de Maketre en Tebas)*

# "Luz para los Gentiles"

Los largos años de cautividad en Babilonia habían impresionado profundamente a los desterrados con la necesidad de conservar "un resto" para que regresara a la Tierra Prometida. Con mucho sacrificio de su parte pudieron evitar ser asimilados y desaparecer en la enorme fusión de razas que era Babilonia. Firmemente mantenían su identidad nacional para el "¡regreso"!

*Un tiempo de crisis:* El regreso a Palestina después del Destierro no resolvió todos los problemas del pueblo de Dios. No disfrutó en ningún momento de la dichosa prosperidad y paz que muchos habían esperado. Al contrario, tuvo que enfrentarse con nuevas pruebas y conflictos.

*El resto regresará:* En los Libros de ESDRAS y NEHEMIAS vemos cómo los desterrados que regresaron, después de luchar cerca de setenta años para no desaparecer en las tinieblas de la cautividad de Babilonia, ¡tenían ahora que afrontar un problema igual en la misma sagrada tierra de Israel! El peligro de la absorción y gradual desaparición causadas por los matrimonios con los extraños, era muy real. ¡La nación estaba luchando por conservar su vida!

*"¿Quebrantaremos nuevamente tus mandatos?":* En sí misma, la prohibición de tales matrimonios decretada por Esdras podía ser fácilmente considerada como un énfasis un poco estrecho y exclusivo acerca de la pureza de la raza, considerada como la piedra de toque de la bondad de Dios para con su pueblo. "No presumáis decir en vuestros corazones, 'Tenemos a Abrahán por padre;' yo les digo, Dios tiene poder para hacer de estas piedras hijos de Abrahán." Estas palabras de

Juan Bautista, no fueron la primera protesta contra dicho legalismo. Dos pequeñas joyas del Antiguo Testamento, EL LIBRO DE RUT y EL LIBRO DE JONAS, fueron escritos probablemente durante el período que siguió a las reformas de Esdras. Ellos proveen un balance perfecto a la tendencia de algunos de colocar las directivas dadas por Esdras más allá de los límites razonables y hacer de ellas el único contenido de la religión del pueblo de Dios. Señalan que un legítimo temor de los paganos, no significa que el pagano esté fuera de la providencia de Dios (JONAS) o que en elgún caso particular, un matrimonio de esta clase no pueda contribuír a la realización del plan de Dios (RUT).

*AHORA ABRA SU BIBLIA Y LEA:*

EL LIBRO DE RUT, cap. 1 al 4
EL LIBRO DE JONAS, cap. 1 al 4

## detrás de las palabras

Si damos una mirada casual a estos dos libros nos pudiera parecer que ellos son puramente históricos. Pero gracias al diligente trabajo de los expertos modernos, nos damos cuenta que estamos leyendo una especie de literatura más parecida a nuestra novela histórica.

*Comparación entre Rut y Jonás:* Los dos historias tienen un punto. Los autores que escribieron después del Destierro, buscaban en las antiguas tradiciones de su gente, figuras históricas por medio de las cuales se pudiera compaginar la necesidad de fidelidad a la Alianza con la misión salvífica de Israel con respecto a las demás naciones.

El autor DEL LIBRO DE RUT señaló que el gran rey David era descendiente de un matrimonio mixto. Pudiera ser también que seleccionó a este antepasado del rey David por la amistad del rey con los Moabitas de su tiempo (Cf., I SAMUEL [I REYES] cap. 22:3 ss.)

El autor de JONAS escogió al profeta Jonás (Cf. II REYES [IV REYES] cap. 14:25) para señalar la universalidad de la misericorida de Dios. Hace un contraste entre la rigidez de este "hijo de la Alianza" con el humilde arrepentimiento de los asirios.

"Una lección de Fidelidad"—junto RUT, cap. 1:15

"David Descendiente de un Gentil"—junto RUT, cap. 4:17–22

"El Arrepentimiento de los Ninivitas"—junto a JONAS, cap. 3:4

"Jonás Amargado"—junto a JONAS, cap. 4:1

## para entender estas selecciones

**Los días de los jueces:** (RUT, cap. 1:1–5) EL LIBRO DE RUT se sitúa en el período de la Conquista de Canán (c. Siglo XII, a.C.). Fueron tiempos de prueba. La tierra de Canán estaba destrozada por la guerra y las contiendas. El hambre era a menudo la consecuencia de la guerra. Los campos eran quemados por las tropas enemigas o se quedaban sin cultivar mientras los hombres iban a la guerra. Moab era el país alto situado al este del río Jordán. Es interesante notar cuán cuidadoso y exacto es nuestro autor al referirnos los hechos históricos.

**La situación difícil de la viuda:** (RUT, cap. 1:8–14) En la economía de los pueblos antiguos la suerte de la viuda era muy difícil. Sin esposo para ser su defensor y protector, no tenía ninguna posición social. No hay necesidad de decirlo, pero no había manera de que una mujer sola se ganase la vida.

**Lealtad de Rut y destitución de Nohemí:** (RUT, cap. 1:16–22) La belleza de la declaración de la fidelidad de Rut sobrepasa cualquier literatura y desafía cualquier comentario que pudiera ser hecho. El énfasis que pone Nohemí en su nombre, nos da a conocer la importancia que los hebreos siempre dieron a los nombres. El antiguo judío nunca estaría de acuerdo con Shakespeare en aquello de "una rosa, con cualquier otro nombre sería igualmente dulce." Daban a los niños los nombres al nacer con la esperanza de que su carácter fuera hecho a la medida del nombre que llevaban y se hicieran dignos del nombre que se les había dado. La referencia que hace Nohemí al mal como procedente de Dios, no significa el mal moral, que es el pecado, el cual viene del hombre, sino más bien las calamidades como la muerte, los terremotos, el hambre, etc.

***La costumbre de Goel y el Levirato:*** (RUT, cap. 3:1-13) La palabra parentesco o el pariente más próximo en hebreo es *Goel*. El *Goel* tenía el derecho y la obligación de cuidar el bienestar de sus parientes pobres. Actuaba en lugar de Dios, pues los judíos consideraban al Señor como el *Goel* de todos los Israelitas. La costumbre del matrimonio por Levirato es recordada en el DEUTERONOMIO, cap. 25:9-10. La acción audaz de Rut era el procedimiento acostumbrado cuando una mujer proponía matrimonio. Estrictamente hablando, Rut, extranjera como era, no tenía derecho a beneficiarse de estas costumbres de Israel.

***Los nombres de Jonás:*** (JONAS, cap. 1:1) El significado de "Jonás" en hebreo es "paloma," mientras que el nombre de su padre, "Amittai," significa "verdad." Ahora bien, la paloma era usada comunmente como un símbolo para los Judíos, así como los primeros cristianos usaban el símbolo del Pez. Así, por una coincidencia permitida por Dios tenemos "Israel, el hijo de la Verdad." *Nínive* era la ciudad de mayor poderío en el cercano Este. Es considerada como el símbolo de los enemigos de Israel a través de todos los tiempos. *Tarsis* es el nombre bíblico de Tártaso, una ciudad en la costa occidental de España, en el límite mismo del mundo conocido en ese entonces.

***El héroe de la historia:*** (JONAS, cap. 1:1) El título del Libro pudiera hacernos pensar que Jonás es el héroe. Pero, si leemos con atención, vemos claramente que el verdadero héroe es Dios. Es Dios que constantemente toma la iniciativa (JONAS, cap. 1:1, 4, 17; cap. 2:10; cap. 3:1; cap. 4:6, 7, 9). Es Dios quien muestra paciencia y misericordia para todos los hombres, ¡mientras que Jonás se muestra intolerante y vengativo!

***La gran ballena:*** (JONAS, cap. 1:17) La "gran ballena" es usada aquí como un símbolo del Destierro causado por la infidelidad de Israel y destinado a conducir al pueblo, por medio del sufrimiento y la privación, a la obediencia amorosa a Dios. El autor DEL LIBRO DE JONAS muestra con esta imagen que, aunque la gente regresaba a la obediencia, en muchos casos era un pura conformación externa con la Ley de Dios. En este punto es interesante notar que el nombre de Nínive, el arquetipo de los enemigos de Israel, significa "ciudad del pescado."

## la unidad de los dos testamentos

Rut y Boz se mencionan en las páginas de MATEO y LUCAS (MT., cap. 1:5–6, y LC., cap. 3:32–33) como antepasados del Redentor, pero todo EL LIBRO DE RUT es un interesante paralelo de los hechos evangélicos. Pues, así como el pueblo elegido no cumplió su misión de ser el instrumento de salvación para todas las naciones y se separó del trabajo de la Redención forjado por Cristo, así también un pariente más próximo de Nohemí se negó a ser su protector y redentor y fué necesario que otro, Boz, realizara la acción de hacer entrar a Rut, que era gentil, en la familia de Dios.

Nuestro Señor mismo señaló el mensaje DEL LIBRO DE JONAS (S. LUCAS, cap. 11:29–32). Cristo, que fué superior a Jonás, invita a todos los hombres a entrar en el Reino de su Padre, pero pone como condición la DEL LIBRO DE JONAS, un fundamental y sincero cambio del corazón.

## la biblia y la iglesia

La Iglesia Católica Romana está emergiendo de un tiempo cuando todo contacto con los no católicos era sospechoso, un tiempo en que los matrimonios mixtos no eran aprobados y las personas que los llevaban a cabo eran consideradas desafortundas. EL LIBRO DE RUT nos recuerda que hace muchos siglos el autor estaba diciendo al Pueblo de Dios que los extraños tienen un gran potencial para el bien. El espíritu ecuménico presente en la Iglesia es una indicación de que este mensaje está penetrando en los corazones y mentes del Pueblo de Dios de hoy. Un espíritu ecuménico no significa que no hay diferencia en lo que uno cree siempre que busque a Dios, o que las diferencias en creencias e ideales no son importantes. Significa que respetamos a las personas que tienen diferentes tradiciones religiosas de las nuestras. Debemos mirar seriamente esas tradiciones para ver lo que hay de bueno en ellas, y cómo ellas pueden realzar nuestro propio sistema de creencias.

Hubo un tiempo en que veíamos el mundo dividido en dos grandes grupos; los que usaban sombreros blancos (nosotros los católicos, los que teníamos la verdad) y los que llevaban sombreros negros (los herejes o todos aquellos que no estaban de acuerdo con nosotros). Hoy día vemos que todas las personas llevamos sombreros grises y que alguna belleza y verdad se puede encontar en todas las religiones.

## los que practican la palabra

La responsabilidad del cristiano es sin duda muy grave. ¡Estamos encargados de llevar la palabra de Dios a Nínive! "Id, y enseñad a todas las naciones." Valdría la pena que dedicásemos unos momentos a interrogarnos hasta qué punto es *efectivo* nuestro testimonio personal a Cristo y cuál es nuestra cooperación en la misión de la Iglesia en el mundo entero. Quizás vamos a encontrarnos más Jonás-Cristianos que Cristianos según San Pablo que decía, "Eso es lo bueno y lo que agrada a Dios nuestro Salvador, que quiere que todos los hombres se salven y lleguen a conocer la verdad." (TIMOTEO, cap. 2:4).

Una cosa que podemos hacer es orar por personas específicas para que lleguen a conocer a Jesús. Las discusiones religiosas con frecuencia pueden degenerar en argumentos sobre quién tiene la razón y quién no. Pero compartir nuestras experiencias y sentimientos personales con mucha frecuencia hace que las personas se unan. Finalmente, podemos darnos de voluntarios para patrocinar o ayudar en un programa de Catecumenado en la parroquia, a través del cual las personas son introducidas a la Iglesia.

## preguntas

1. ¿Cuál fue la mayor preocupación de los judíos piadosos durante los largos años del destierro?

_____

_____

60

2. ¿Cuál fue el peligro con el que tuvieron que enfrentarse los desterrados a su regreso a la Tierra Santa?

_____

_____

3. ¿Qué tipo de literatura moderna es probablemente el más similar a la forma literaria usada al escribir Rut y Jonás?

_____

_____

4. ¿Qué actitud existente en el pueblo de Dios, tenía que ser modificada por Rut y Jonás según el designio de la providencia de Dios?

_____

_____

## temas para discusión

1. ¿Qué imagen acerca del matrimonio, de la viudez y de la vida de familia se encuentra en las páginas DEL LIBRO DE RUT?

2. ¿Llamaría Ud. la historia de Rut un "romance" en nuestro sentido moderno o un cuento de amor romántico?

3. ¿Cómo explica Ud. la actitud de Jonás?

4. Compare EL LIBRO DE JONAS con la Parábola del Hijo Pródigo, en SAN LUCAS, cap. 15:12–32.

5. ¿La relación entre Dios y Jonás le dice a Ud. algo sobre la libertad humana?

# SEXTA LECCION

*Víctima del hambre*
*(Del templo egipcio de Sakkarah)*

# *"Job y Sus Amigos"*

En nuestro estudio del Antiguo Testamento hemos visto una y otra vez la manera maravillosa con que Dios se relacionaba con los seres humanos. En cierto sentido el plan de Dios para la felicidad del hombre puede ser considerado como un vasto proceso de educación moral y religiosa. Como un buen maestro, Dios siempre hablaba en términos que su pueblo podía entender. Nunca les pedía más do lo que ellos realmente podían darle. Hemos visto ya cómo esto nos ayuda a explicar la aparente tolerancia de Dios respecto de las costumbres bárbaras que existían en los matrimonios como también en las maneras de combatir, comunes a las gentes de los tiempos antiguos.

Pero un buen profesor siempre desea estimular a sus alumnos para que rebasen las fronteras de sus conocimientos. Dios también estaba constantemente llamando a su pueblo a un mayor grado de conocimiento y de amor tanto a El como a sus prójimos.

***El puesto de Job en el plan de Dios:*** La pena y la tragedia son, lastimosamente, algo muy común en la experiencia humana. En los primeros libros de la Biblia se ponía mucho énfasis en la solidaridad común de la humanidad. Un hombre podía ser bendito o maldito si toda la tribu o nación se mantenía fiel a Dios o se alejaba de El, cf. EXODO, cap. 20:5–6. Gradualmente, la responsabilidad individual llegó a tener una mayor prominencia. Esto constituyó en gran parte el contenido del mensaje de los profetas, particularmente de Jeremías y Ezequiel, cf., EZEQUIEL, cap. 18:1–32. Pero los dos aspectos del problema de premio y castigo eran entendidos solamente en términos de bendiciones materiales o de desastres. También había la tendencia por parte de muchos de interpretar la relación entre prosperidad y virtud, o desastre y vicio, con una rigidez matemática.

Es la gran virtud DEL LIBRO DE JOB que desafió esta oportunista explicación del gobierno de Dios en la Creación y, por lo menos negativamente, rebasa las fronteras de la revelación, al introducir la figura claramente inocente, y que no merece ningún castigo y que valientemente rechaza las diversas explicaciones tradicionales de quienes se llaman sus amigos. Job no es el libro de las "respuestas oportunistas." Su función en el plan de Dios era la de interrogar a la doctrina aceptada y preparar el terreno para una mejor visión del problema del sufrimiento. Job iba a preparar la base para la gran buena nueva de los Evangelios con su mensaje del Sufrimiento Redentor, de la victoria en midio de la derrota.

*AHORA ABRA SU BIBLIA Y LEA:*

EL LIBRO DE JOB, cap. 1 al 7 y cap. 38 al 42

## *detrás de las palabras*

*El autor:* La mano talentosa que escribió el dramático poema que llamamos EL LIBRO DE JOB nos es desconocida. Sin embargo, por medio de un escrutinio minucioso de su trabajo, los escrituristas han descubierto mucho acerca del autor. Era natural de Palestina y vivió algún tiempo después del regreso del exilio. Hay buena razón para suponer que compuso el libro más o menos hacia el final del siglo V a.C. Era un hombre que había viajado mucho para quien las tradiciones religiosas de los egipcios y de las gentes del Cercano Oriente le eran muy familiares. Ningún otro autor del Antiguo Testamento, con excepción de Ezequiel, parece ser tan ilustrado. Era un asiduo observador del mundo que le rodeaba y un espíritu profundamente compasivo.

***Estructura literaria:*** EL LIBRO DE JOB es un poema dramático en forma de diálogo. El cuerpo del trabajo (cap. 3 al 42:6) está escrito en forma de prosa narrativa, cap. 1 y 2 y cap. 42:7–16, que es probablemente mucho más antigua. Hay evidencia para creer que este Prólogo y el Epílogo son un antiguo relato de alguna figura tradicional que vivió antes del año 1.000 a.C. Este personaje podría ser idéntico al Job mencionado en EZEQUIEL, cap. 14:14 y 20. Tomada en sí misma, la sección en prosa, nos da una solución más bien diferente al problema del sufrimiento del inocente y fue probablemente usada por el autor de nuestro presente trabajo, como una introducción tradicional para su altamente intradicional y desafiante poema.

*ANOTE EN EL MARGEN DE SU BIBLIA:*

"Prólogo"—junto a JOB, cap. 1:1

"El Lamento de Job"—junto a JOB, cap. 3:2

"El Gran Debate"—junto a JOB, cap. 4:1

"La Intervención de Dios"—junto a JOB, cap. 38:1 al cap. 42:6

"Epílogo"—junto a JOB, cap. 42:7–16

## *para entender estas selecciones*

***Job y la otra vida:*** (JOB, cap. 3:13–23) Los antiguos hebreos tenían muy poco conocimiento de la suerte del hombre después de su muerte. Solamente en los últimos libros, que fueron escritos un poco antes del tiempo de Cristo (e.g. II MACABEOS y EL LIBRO DE LA SABIDURIA), encontramos en algunos pasajes un cuadro más claro del destino eterno del hombre. Para el autor DEL LIBRO DE JOB lo único que le esperaba al hombre después de la muerte era el "Seol." Podríamos llamar "Seol" a un cuadro imaginativo de la nada. Era éste una tumba inmensa en la que la muerte, sin hacer ninguna distinción, colocaba a la humanidad entera tarde o temprano. Lo único que el autor tenía por cierto era que la muerte ponía fin a la vida como lo sabemos. El más allá estaba oculto ante sus ojos. La respuesta a este interrogante tenía que esperar una más completa revelación del plan de Dios para la felicidad de la raza humana.

*La plegaria de Job:* (JOB, cap. 6:1-10)  El gemido de angustia choca un poco especialmente a aquellos de nosotros que estamos acostumbrados más bien a las frases de los libros de oración convencionales. Pero el autor nos dice que ¡Job es un hombre justo! Es, quizás, debido a su íntima relación con Dios por lo que Job puede hablar tan francamente. Estas líneas son, en cierta forma, similares al lamento de Nuestro Señor en la Cruz "Dios mío, Dios mío, ¿por qué me has desamparado?"

*La paciencia de Job:* (JOB, cap. 7:1-21)  Aun antes de que leyéramos la Biblia, hemos estado, sin duda, familiarizados con Job, el modelo sin precedentes de paciencia en el sufrimiento. "Tiene la paciencia de Job" ha llegado a ser un proverbio en nuestra menera de hablar. ¡Siendo éste el caso es sorpredente encontrar a Job pronunciando los sentimientos que contiene el Capítulo Siete! ¡Parece mirarle a Dios (v. 20 "Oh Guardián de los Hombres") con hostilidad! Aquí podríamos imaginarnos a alguien que conoce al Dios vivo y personal, pero no su gracia y su amor. En el v. 17 parece parodiar al SALMO 8. En todo esto tenemos un ejemplo notable de las raíces de realismo que encontramos en la Sagrada Escritura. Job debe ser probado en el fuego para ser purificado. Este arranque es una expresión del tormento de Job. Es solamente después de encararse con Dios cuando encontramos al "paciente" Job del cap. 40:4-5.

*Job y Dios:* (JOB, cap. 38 al cap. 41)  Varias cosas importantes encontramos en estos capítulos culminantes. Job se humilla ante la majestad y la omnipotencia de Dios. El encuentro con Dios es visto en sí mismo como un acto de su misericordia, asegurándole que no está abandonado. El autor logra su principal propósito para el cual utiliza los reproches de los "amigos." Job es elogiado y, aunque la virtud de Dios al regir el mundo se mantiene firmemente, se señala igualmente que las desgracias y sufrimientos del hombre no pueden ser causados solamente por sus pecados.

*Dios y el mundo de la naturaleza:* (JOB, cap. 39:19)  Este capítulo es una extraordinaria descripción de los varios miembros del reino animal. Es interesante notar que la mayoría de los animales que se describen allí son los menos domésticos y útiles al hombre. Tal vez ésta es una corrección indirecta del juicio puramente centrado en el hombre, por parte de Job y sus amigos, acerca de las actividades de Dios. Compare este capítulo con las palabras de Nuestro Señor en MATEO, cap. 10:29.

**Dios y el caballo de guerra:** (JOB, cap. 39:19) Este pasaje es una de las más famosas descripciones de toda la literatura acerca del caballo. Para los hebreos el caballo era lo que ha llegado a ser para nosotros la bomba atómica, una verdadera arma de guerra. El caballo es tomado aquí como el símbolo del gran poder que el hombre puede usar pero no crear.

## la unidad de los dos testamentos

Los psiquiátras nos dicen que cada vez se muestra con más claridad que la más básica necesidad de la persona humana es

*Amigos de Job*

la de buscar el sentido de la existencia. Con ésto quieren decirnos que el hombre tiene una necesidad profunda de comprender el significado de todo aquello que le sucede en el transcurso de su vida. EL LIBRO DE JOB plantea este problema del "significado" en una de sus más agudas formas. Cuántas veces hemos oído el triste lamento de "¿Por qué tenía que secederme ésto a mí?" "¿Qué he hecho para merecer ésto?" La completa elaboración y la solución de este problema no se encuentran hasta que Dios mismo hecho hombre mostró al mundo el "significado" real del sufrimiento inocente en la cima del Calvario. Dios ofreció a la humanidad la oportunidad de transformar las desgracias temporales en victorias eternas a través de la unión con el sufrimiento de Cristo. San Pablo hace un comentario de Cristo, el segundo Job, en su carta a los ROMANOS, cap. 5:1–21 y Santiago propone a Job como el modelo de los cristianos en la tribulación (CARTA DE SANTIAGO, cap. 5:7–11).

## la biblia y la iglesia

A través de los tiempos, la Iglesia no ha tenido más éxito que Job en explicar la razón última para el sufrimiento que experimentamos en nuestras propias vidas y vemos en las vidas de las personas que nos rodean. Pero la Iglesia nos da una forma de hacer ese sufrimiento un poco más llevadero y de usarlo para nuestro crecimiento espiritual. Esto sostiene a Jesús en la cruz como un modelo de sufrimiento redentor llevado con paciencia y aceptación. También nos llama a unir nuestros sufrimientos con los de Jesús y orar con él, "no se haga mi voluntad, sino la tuya."

Porque la Iglesia no ha visto el sufrimiento como algo bueno en sí mismo, siempre ha tratado de aliviarlo tanto como ha podido. El cuidado de las viudas, huérfanos, los pobres y los encarcelados se ha llevado a cabo todo el tiempo. Y hoy en día, cuando se ha puesto tanta atención en la carga que significa el sufrimiento mental, las agencias de Caridades Católicas proveen consejería. La mayor parte de las colectas extraordinarias que se hacen en las parroquias durante el año están conectadas en una u otra forma con aliviar el sufrimiento de los demás de algún modo.

## los que practican la palabra

Debería sorprendernos y avergonzarnos el hecho de que después de tantos siglos de haber sido escrito EL LIBRO DE JOB y después de que ha sido proclamado el Evangelio de Jesús, los cristianos con tanta frecuencia nos parecemos a los "amigos" de Job. "Los pobres merecen su condición porque son flojos y desperdiciados"; "los enfermos están sólamente pagando por sus excesos y pecados." Cuando hay catástrofes en ciertos lugares o personas, se proclama alegremente como fuego del infierno enviado por un Dios enojado y vengativo. El santurrón Jonás todavía se sienta en la comodidad de la planta de aceite de castor esperando ansiosamente que la justicia alcance a los demás.

La falta de simpatía humana nos repele. Esto puede ser un saludable recordatorio para nosotros también. Nunca debemos complacernos en el sufrimiento de los demás. El sentimiento humano, lo vemos claramente en la vida de Cristo, es perfectamente compatible con la santidad. De veras, es difícil concebir una santidad que no incluya la hermosa cualidad humana de la compasión. Podríamos preguntarnos a nosotros mismos: ¿Cómo reaccionamos ante la tragedia de los otros? ¿Visito a los enfermos? ¿Asisto a los velorios y entierros? ¿Cuál es mi actitud en tales ocasiones? ¿Trato de "sufrir con" los deudos o es solamente una oportunidad para contactos sociales o de negocios?

## preguntas

1. ¿Cuál es el propósito DEL LIBRO DE JOB en el plan de Dios para la felicidad la raza humana?

_____

_____

2. ¿Cuándo fue escrito probablemente EL LIBRO DE JOB?

_____

_____

3. ¿Cómo se imaginaban los judíos del Siglo V a.C. la otra vida?

_____

_____

4. ¿De qué manera actúa Dios como un buen Maestro al relacionarse con su pueblo?

_____

_____

5. ¿Qué clase de forma literaria es usada en EL LIBRO DE JOB?

_____

_____

## *temas para discusión*

1. En sus propias palabras, describa a Dios como se le ve en EL LIBRO DE JOB. Esta imagen, ¿es la misma o diferente de la que usted tiene de Dios?

2. ¿En qué forma ve usted EL LIBRO DE JOB, moderno en tono e historia?

3. ¿Cómo resuelve el autor DEL LIBRO DE JOB el problema del sufrimiento inocente? ¿Cómo lo resuelve usted?

4. Lea EL LIBRO DE LA SABIDURIA, cap. 1 al 5 y el SEGUNDO LIBRO DE LOS MACABEOS, cap. 12:43–46. ¿Añaden estos pasajes alguna cosa a la respuesta dada por el autor DEL LIBRO DE JOB?

5. Escriba su propio diálogo entre un Job moderno y Dios. ¿Qué diría hoy Job y cómo le contestaría Dios?

# Fechas Aproximadas de Algunos de los Escritos del Antiguo Testamento

**A.C.**

**Siglo XII**  Los primeros cantos, transmitidos probablemente por la Tradición Oral.

> Canto de Débora y Barak
> (JUECES, cap. 5)
>
> Canto de Lamec
> (GENESIS, cap. 4:23–24)

**Siglo XI**  Canto de Josué (JOSUE, cap. 10:12) citado de la antigua colección llamada EL LIBRO DE JOSUE

El Lamento de David por Saúl y Jonatán (II SAM. 1) tomado de la misma colección

**Siglo X**  Los primeros salmos, ej., SALMO 18

**Siglo IX**  Los Libros Históricos—SAMUEL y LOS REYES (El comienzo)

**Siglo VIII**  AMOS, OSEAS, MIQUEAS, e ISAIAS, cap. 1–39

**Siglo VII**  EL LIBRO DEL DEUTERONOMIO y JEREMIAS publicados bajo Josías en el año 621 a.C.

**Siglo VI**  Período del Destierro 597–538 a.C.

> Se editaron mucho los primeros libros
>
> Los SALMOS más recientes
>
> EZEQUIEL

**Siglo V**  Escribanos sacerdotales trabajando, ej., GENESIS, cap. 1

**Siglo IV**  ESDRAS, NEHEMIAS, EL LIBRO DE JOB, ISAIAS 40–55, LIBROS DE RUTH y JONAS

**Siglo III**  LIBRO DEL ECLESIASTES

**Siglo II**  LIBRO DE DANIEL

> Terminación de los SALMOS

# SEPTIMA LECCION

# "Vayamos y Hagamos un Trato con los Gentiles."

*ANTES DE ABRIR SU BIBLIA:*

**"El Señor conmovió el espíritu de Ciro, Rey de Persia":** Desde el tiempo de Esdras y Nehemías (c. 433 a.C.), los hijos de Dios eran considerados como una provincia Persa. Hemos visto ya el nuevo énfasis que se dió a la LEY y al RITUAL del Templo ahora que la nación ya no figuraba ni siquiera con un pequeño poder político en el escenario de la historia. Un período aparentemente pacífico y sin mayores acontecimientos, y que iba a durar más de 200 años, estaba comenzando.

**"La tierra entera estaba en silencio ante él":** Pero esta paz se rompió por una serie de acontecimientos externos. Persia cayó ante un nuevo poderío de Occidente. Alejandro Magno añadía Palestina y Siria para extender el Imperio griego en el año 331 a.C. A su muerte, unos pocos años más tarde, el Imperio fué dividido entre cuatro de sus generales, Tolomeo, Seleuco, Casandro y Lisímaco. Al principio Palestina cayó en poder de los Tolomeos que gobernaron la parte egipcia del antiguo Imperio de Alejandro y toleraron la religión y la manera de ser y de vivir de los hebreos.

**"Un idólatra llamado Antíoco Epífanes":** En al año 198 a.C. Palestina se anexionó a la parte siria del Imperio de Alejandro que estaba gobernada por los Seléucidas, descendientes de Seleuco. Su política se caracterizó por el adelanto cultural y la conformidad religiosa. Todos debían llegar a ser como los griegos tanto en el lenguaje como en la cultura y religión. Una presión continua se ejercía sobre los judíos que se oponían a convertirse en griegos en el lenguaje, en las costumbres, en la religión y aun en el pensamiento. Esta presión explotó en el año 168 a.C. cuando Antíoco Epífanes IV (en griego "El Ilustre") profanó el Templo de Jerusalén introduciendo la adoración de Zeus, el "Dios-padre" de muchos de los dioses y diosas griegos, en sus sagrados recintos.

**"¡Aquél que se considere con celo por la ley que me siga!":** Pero este acto sacrílego no podía continuar. Una valiente familia judía, los Hasmoneos, más bien conocida por nosotros con el nombre de "Macabeos", que probablemente significa "martillo" y que fue al principio aplicado a su líder Judas, emprendió una revolución que duró treinta años. Por vez primera desde que se dividió el Imperio, unos 500 años antes, los judíos pudieron saborear el vino fuerte del éxito militar y de la importancia política.

**El primer libro de los Macabeos:** En él encontramos una narración sumamente fuerte de los intentos que hicieron los Macabeos (Matatías el sacerdote y sus cinco hijos) para mantener aún a fuerza de las armas la religión y la manera de vivir de los judíos.

Fué escrito poco más de cien años antes del nacimiento de Cristo por un partidario de los Hasmoneos. El autor residía en Jerusalén y era un excelente historiador aún para las normas Occidentales y tal vez testigo presencial de los acontecimientos que nos narra.

Este libro cubre los cuarenta años desde el principio de la guerra hasta la muerte del último de los hermanos Macabeos, Simón.

*AHORA ABRA SU BIBLIA Y LEA:*

EL PRIMER LIBRO DE LOS MACABEOS, cap. 1 al 4, 6, 8 y 15

*Antíoco IV Epífanes*
*(De una moneda de ese tiempo)*

## detrás de las palabras

***La unión entre lo antiguo y lo nuevo:*** EL LIBRO DE LOS MACA-
BEOS es un importante eslabón entre el tiempo del Antiguo y
del Nuevo Testamento. Junto con los otros últimos libros del
Antiguo Testamento, forman un preludio y un fondo para los
Evangelios. En él encontramos ya tres evidentes y notables
características del Judaísmo del tiempo de Cristo. Estas
características son un profundo conocimiento del poder de
Dios en la Creación (Cf. I MAC., cap. 3:18–22) e inquebrantable
adhesión al Templo y a la Ciudad Santa (cf. I MAC., cap.
4:36–60) y una completa fidelidad a la observancia de la Ley.
(Cf. I MAC., cap. 3:47–51)

Estos distintivos de la vida religiosa de estas gentes fueron
mantenidos a un costo heróico. Sin embargo se iban mezclando
gradualmente con una cierta rigidez y estrechez de espíritu por
parte de algunos. Esto dió como resultado la actitud blasfema
en el servicio de Dios y que es tan típica de los fariseos condenados por Cristo en los Evangelios.

Sin embargo, en el tiempo de los Macabeos, estas
cualidades ayudaron a preservar y mantener a la gente en la
fidelidad hacia Dios cuando se encontraban amenazados por el
peligro de absorción por la religión de los griegos.

***"Mi Reino no es de este mundo":*** Los acontecimientos de los
Macabeos tenían un fin negativo en el plan de Dios para la
felicidad del hombre. Después de una gran contienda los

hasmoneos volvieron a tener una independencia nacional y aún una prominencia política.

De esta manera el piadoso judío debía aprender la lección de que *no* era ésta la manera con la cual "las bendiciones para todos los pueblos", prometidas por Dios a través de los descendientes de Abrahán, iban a hacerse realidad.

La eminencia política iba a desaparecer tan pronto como había llegado. En el año 63 a.C., el general romano Pompeyo conquistó Jerusalén y el mundo volvió a ser lo mismo que en el año 168 a.C. en que se inició la revolución. Nuevamente el hombre se alejaba de Dios.

**Lista de los personajes:** Las figuras históricas mencionadas no son sólo figuras en el escenario de la historia sino también, en cierto sentido, más grandes que la vida. Son también actores en el gran *drama de ideas* que han fascinado al hombre a través de todos los tiempos.

La guerra no es realmente entre los Seléucidas y los Hasmoneos, entre los judíos y los paganos, sino más bien entre los observadores de la Ley y sus adversarios, ya sean judíos o griegos.

*Matatías,* padre de los macabeos, es la figura clave en el gran debate sobre la libertad y la integridad de la conciencia individual ante las demandas del absolutismo del estado.

*Alejandro y Antíoco IV* son, para el autor, dos ejemplos del orgullo del hombre que es totalmente contrario a la relación que el hombre debe tener con Dios.

*Judas,* el soldado; *Jonatán,* el líder de las guerrillas, y *Simón,* al astuto político, son todos, de diversas maneras, los que lucharon para rescatar a su gente de la primera y más grande persecución religiosa de la historia.

*ANOTE EN EL MARGEN DE SU BIBLIA:*

"Historia Secular y Sagrada"—junto a I MAC., cap. 1
"Revuelta de los Macabeos"—junto a I MAC., cap. 2
"La Purificación del Templo"—junto a I MAC., cap. 4:36–60
"La Alianza Romana"—junto a I MAC., cap. 8

# para entender estas selecciones

**Alejandro Magno:** (I MAC., cap. 1:1–10)   Esta figura casi legendaria de la historia comenzó su conquista del mundo en el año 332 a.C. Es interesante notar de paso que él, que iba a ser el gobernador del mundo, fue educado por Aristóteles.

**Los "simpatizantes de los griegos":** (I MAC., cap. 1:11–16)   No todos los judíos estaban firmemente en contra de "la Manera Griega". No pocos pensaron que lo mejor era estar en favor y cooperar; una gran mayoría tenían una verdadera admiración por la manera de ser de los griegos y querían mezclar su cultura con la cultura hebrea, pensando que sería un adelanto para las dos.

**El furor de la persecución:** (I MAC., cap. 1:26–29 y 38–42)   Estos párrafos son ejemplos interesantes de las cumbres poéticas a las cuales los hechos históricos llegan en algunas ocasiones. Compare estos pasajes con el SALMO 78 que fué escrito más o menos en el mismo tiempo que I MACABEOS, y note la similitud en el espíritu y en el estilo.

**Los "hijos del martillo":** (I MAC., cap. 2:1–26)   La familia del sacerdote Matatías era originaria de un pequeño pueblo llamado Modín, a quince millas al noroeste de Jerusalén. La mención que se hace de Pineas en el v. 24 tiene relación con EL LIBRO DE LOS NUMEROS, cap. 25:7 y siguientes.

**Los piadosos:** (I MAC., cap. 2:42)   Los "Hassidim" o Piadosos Fueron los precursores de los Fariseos del Evangelio. Era una secta de judíos piadosos que se formó en este momento en que existía un peligro religioso uniéndose a la revuelta de los Macabeos.

**Fiesta de la dedicación:** (I MAC., cap. 4:36–59)   El evento que se describe aquí fue conmemorado por las futuras generaciones como la fiesta de "Hannuka" o "La Fiesta de las Candelas." Esta fiesta es celebrada hasta el día de hoy por los judíos modernos y cae alrededor del tiempo de navidad. Su mención en el Nuevo Testamento la encontramos en SAN JUAN, cap. 10:22.

*La guerra del elefante:* (I MAC., cap. 6:32–46) El jugo de las uvas y de las moras se usaba para sugerir la idea de sangre a los elefantes y así excitarlos para que fueran salvajes en las batallas.

*Alianza con Roma:* (I MAC., cap. 8:1–32) Hay un proverbio árabe que dice, "Nunca dejes al camello meter la nariz en tu tienda, porque si lo hace, pronto estará durmiendo en ella y tu afuera en el frío." Esta observación fué hecha con motivo de la alianza de los romanos con los judíos. Este pacto fué el primer paso que condujo inevitablemente a la caída de Jerusalén ante en general Pompeyo en al año 63 a.C. No es necesario decirlo, pero Roma no tenía ninguna intención de suministrar la ayuda militar prometida. El tratado fue solamente con la intención de desconcertar a los monarcas Seléucidas al reconocer a su provincia rebelde como una nación.

## la unidad de los dos testamentos

EL LIBRO DE LOS MACABEOS, tiene una profunda relación con uno de los aspectos del problema de la fidelidad del hombre al estado y a Dios. Cuando algunos hombres preguntaron a Jesús si era lícito o no pagar el tributo al emperador, estaban tratando de poder acusarlo de traición. Pero Jesús les dió la respuesta sensata de dar a Dios lo que es de Dios y al César lo que es del César: (MATEO, cap. 22:15–22) San Pablo también tiene que enfrentar este problema de la relación entre el cristiano y el Estado en ROMANOS, cap. 13:1–8 y en I TES., cap. 3:1–13.

## la biblia y la iglesia

A través de la historia ha tratado la Iglesia de encontrar la forma de vivir con el estado. Durante siglos los reyes y emperadores sintieron que eran superiores a la Iglesia e interfirieron mucho en sus asuntos. Luego en la Edad Media la Iglesia sintió que era superior al estado y los papas quitaban y ponían reyes y emperadores. Desde entonces ha habido tensión de todas clases. Una de las contribuciones más grandes de los teólogos americanos al pensamiento católico, ha sido la justificación de la separación de la Iglesia y el estado que tenemos en nuestro país. Por siglos, los teólogos han sostenido que el estado debe servir a la Iglesia. Como resultado de la experiencia americana ahora vemos que cada uno tiene su propia esfera y que cada uno se debe mantener en ella. Pero aun entonces hay problemas, como cuando los obispos del país hablan sobre la injusticia, armas nucleares o la economía, y cuando el estado hace leyes injustas. Pero cuando miramos a otros sistemas, nuestro sistema es el mejor.

## *los que practican la palabra*

En nuestro país la Iglesia ha sido maravillosamente bendecida. Pero como sabemos, no todos los Cristianos del mundo gozan de la misma libertad. Uno de los mejores resultados de la lectura del Primer Libro de los Macabeos sería el frecuente recuerdo en sus oraciones de la "Iglesia del Silencio" que sufre una terrible persecución en muchos países hoy día.

## *preguntas*

1. ¿Cuáles fueron las dos mayores preocupaciones de la comunidad judía durante el período pacífico que siguió a la Restauración bajo el mando de Esdras y Nehemías?

    A. _____

    B. _____

2. ¿Quiénes fueron los Tolomeos y los Seléucidas?

    A. _____

    B. _____

3. ¿En qué se diferencia la política de los Seléucidas de la de los Tolomeos?

    _____

    _____

4. ¿Qué significa "Macabeos" y por qué se usó este término para describir a Judas el hijo de Matatías?

_____

_____

5. ¿Por qué es importante el Libro de los Macabeos?

_____

_____

## temas para discusión

1. ¿Cuál es su reacción ante el episodio descrito en I MAC., cap. 2:29–41? ¿Qué piensa Ud. de la decisión de Matatías en el v. 41?

2. C.S. Lewis escribió "Son los hombres grandes, santos potenciales, los que llegan al fanatismo, no los pequeños. Los que están más dispuestos a morir por una causa son los que pueden llegar hasta matar por ella." ¿Qué indicaciones ve usted en la Escritura de que esas palabras fueron verdad en relación con los Macabeos? ¿Qué líderes de nuestros tiempos son ejemplos de esa afirmación?

3. ¿Cuáles son algunas de las indicaciones hoy día de la tensión en nuestro país entre la Iglesia y el estado?

4. ¿Cuál es su opinión de las personas que deliberadamente violan las leyes que consideran injustas o inmorales?

# PARA PROFUNDIZAR

## *Los Macabeos*

Hasta cuando el capítulo 14 del PRIMER LIBRO DE LOS MACABEOS celebra el éxito de Simón y su pueblo, se siente una nota de advertencia: Simón es ambas cosas, sumo sacerdote y amo del país. Esto probará ser una combinación desastrosa. Es el fundamento para un sacerdocio pésimo y corrupto del tiempo de Cristo. Poder político y eclesiástico puede ser una mezcla peligrosa. Esta dinastía hasmonea continuó hasta el año 37 A.C. cuando Herodes el Grande indujo a Roma a nombrarlo rey.

EL SEGUNDO LIBRO DE LOS MACABEOS consiste en cartas escritas de los judíos de Judea a los que vivían en Egipto, llamándolos a la unidad de la práctica religiosa. En el capítulo 2 hacen recordar el ejemplo del profeta Jeremías urgiendo a los exilados en Babilonia a observar los preceptos del Señor. La historia de Jeremías escondiendo el arca de la alianza se repite junto con la seguridad del profeta de que un día saldrá a la luz y se verá la gloria de Dios conforme su pueblo se reúne. Esto se ha cumplido en Cristo, la presencia de Dios encarnado.

Los capítulos del 6 al 8 son también signos importantes de preparación para la buena nueva de Cristo. Nuevamente se anima al pueblo a enfrentar el sufrimiento de la persecución, pero con una nueva razón para la esperanza. Conforme se narra la historia trágicamente hermosa del martirio de los siete hermanos, su fe mira más allá de la muerte a la resurrección y la vida eterna. Puede ser que Dios no los rescate milagrosamente de sus perseguidores, pero los resucitará a una nueva vida.

Otra creencia de la Iglesia de hoy se refleja en la conclusión del capítulo 12 cuando se hace una colecta para ofrecer sacrificio en Jerusalén por los compañeros caídos. Ellos ofrecieron sacrificio por los muertos por su creencia en la resurrección que había echado raíces en el publo.

Esta creencia se complementa por la visión de Judas Macabeo en el capítulo 15. Cuando Onías, el sumo sacerdote ora por su pueblo en la tierra, así en el cielo el profeta Jeremías ora por ellos. Los santos de Dios interceden unos por los otros en este mundo y en el otro. La vida de Dios que los une no puede ser separada por la muerte.

Se prepara el camino para la venida de Cristo quien pondrá las piezas juntas, unirá a todo el pueblo en sí mismo, y nos llamará a las prácticas religiosas que reflejan nuestra fe en la vida del Espíritu y la resurrección y la comunión de los santos.

## Cronología Del Mundo Antiguo

**A.C.**

**c. 2000**    Florecimiento del Imperio Minos de Creta
Aparición del código de Hamurabi o de
Babilonia
†Abrahán sale de Ur
†Destrucción de Sodoma y Gomorra

**c. 1700**    Reinado de los Faraones Hyksos en Egipto
†José y sus hermanos en Egipto

**c. 1600**    Florecimiento de Atenas, Tebas, Esparta
y Troya

**c. 1292–25**    †Esclavitud de los hebreos bajo el Imperio de
los Faraones Ramesés

**1280**    El primer tratado de paz en la Historia fue
firmado entre los egipcios y los Imperios
Hititas

**1267**    Fundación del Imperio asirio

**1220**    †Exodo de los judíos bajo el mando de Moisés

**1200–1228**    †Invasión y conquista de Canán por los judíos

**1194**    Expedición militar griega contra Troya

**1190**    Los filisteos se sitúan en Canán

**1182**    Eneas llega a Italia

**1028–1013**    †Reinado de Saúl

**1013–973**    †Reinado de David

**972–932**    †Reinado de Salomón y la construcción del
Templo

**931**    †División del Reino en Israel (Norte) y
Judá (Sur)

**880**    Fundación de Cartago

**776**    Primeros Juegos Olímpicos

**760**    †Amós en Israel

**753**    Fundación de Roma

---

†*Eventos de la Historia Sagrada*

| | |
|---|---|
| **734** | † Isaías en Judá |
| **721** | † La Caída de Israel en manos de los asirios |
| **701** | † Los asirios se retiran de los puestos de Jerusalén |
| **612** | Caída de Asiria ante el Imperio Neo-Babilonio |
| **605** | Derrota del ejército egipcio por Babilonia |
| **600** | Aparición de los poemas de Safo |
| **597** | † Primera etapa del Exilio de los judíos en Babilonia |
| **594** | Apogeo de Solón el célebre legislador de Atenas |
| **586** | † Destrucción de Jerusalén por el ejército Babilonio |
| **538** | † Conquista de Babilonia por Ciro el persa y retorno de los judíos que estaban en el exilio. Apogeo de Pitágoras, Zoroastro y Confucio. |
| **520** | † Comienzo de la reconstrucción del Templo de Jerusalén |
| **509** | Atenas y Roma llegan a ser repúblicas |
| **490** | Darío I declara la guerra a Grecia la cual termina con la derrota de los persas en la Batalla de Maratón. |
| **458** | † Retorno del exilio de los judíos bajo Nehemías |
| **457** | Anaximandro, discípulo de Tales, y uno de los más grandes astrónomos de la antigüedad |
| **444** | † Esdras regresa a Jerusalén. Fidias, Aristófanes e Hipócrates vivían en Grecia en este tiempo. |
| **440** | Muerte de Herodoto el historiador |
| **433** | † Ultima visita de Nehemías a Jerusalén |
| **400** | Juicio de Sócrates en Atenas |
| **348** | Muerte de Platón |

---

†*Eventos de la Historia Sagrada*

# OCTAVA LECCION

*Diosa de Bablionia sobre un león*
*(De un pilar de piedra de Mesopotamia)*

# Guía para los Perplejos

*ANTES DE ABRIR SU BIBLIA:*

El libro que vamos a estudiar comprende la más completa revelación del plan de Dios para la felicidad del hombre en el Antiguo Testamento. De una manera concreta el autor presenta algunos de los temas más importantes de la religión, como lo veremos cuando lo leamos.

Hoy día en que los hombres viven como en medio de las sombras, DANIEL se nos presenta muy oportunamente. El miedo del futuro pesaba en las mentes de los contemporáneos del autor. Los hombres sentían la tentación de comprometer sus convicciones para lograr la comodidad personal y la seguridad. No encontraban ningún objetivo ni significado en la historia humana como tampoco en sus propias vidas. En nuestro estudio intentaremos descubrir cómo Daniel lucha con estos problemas tan complejos tanto en la actualidad como en su tiempo.

*"Y celebraron por ocho días la rededicación del altar":* Cuando las primeras emociones de la revuelta de los Macabeos habían pasado, hacia el año 163 a.C., mucha gente se había quedado pensando en ella. No había duda que la revolución fue todo un éxito, pero ¿qué les esperaba en el futuro? Contaban con un pequeño ejército sirio, un poco más grande que una policía militar, pero ¿cómo podía enfrentarse ante el poderoso Imperio Seléucida?

Pudiera ser que en un tiempo como éste, algún judío ahora desconocido juntara varias tradiciones acerca de un hombre hebreo llamado Daniel quien había tenido que pasar por dificultades similares durante los días del Exilio hacía unos cuatrocientos años (Siglo VI a.C.). ¡Lo que Dios había hecho por Daniel, podía hacerlo nuevamente! Su mensaje era de optimismo.

*"Entre ellos había ciertos judíos, Daniel, Ananías, Misael y Azarías":* Al principio podríamos admirarnos de que el autor no mencione directamente el triunfo del pueblo de Dios sobre el ejército de Siria. ¿Por qué escogió una manera tan indirecta para mencionarlo?

Para contestar a este interrogante debemos recordar el tiempo en el que fue escrito. Israel era una nación más o menos ocupada. Su libro podía ser considerado por las autoridades Seléucidas como un panfleto sobre "el movimiento de resistencia". Es por esto que el autor escogió un tiempo en el pasado que podía ser una especie de paralelo con su propio tiempo y dejó ciertas claves a través del libro que podían ser entendidas por sus compatriotas.

Algo similar, un paralelo moderno, ocurrió cuando Alemania ocupó Francia durante la Segunda Guerra Mundial. Un periódico de París publicó un poema en la primera página. Leído en la manera usual, el poema era un elogio de Alemania; pero si el lector dividía el poema en la mitad y leía cada mitad verticalmente, resultaba una condenación de las fuerzas de la ocupación.

*"En el primer año del reinado de Baltazar en Babilonia, Daniel tuvo un sueño":* En nuestras Biblias, EL LIBRO DE DANIEL se incluye entre los libros de los profetas. Ahora, aunque el libro en sí mismo no pertenece a la escuela profética, su posición en la Biblia sirve para señalar algo muy importante. El autor no hacía ninguna predicción minuciosa acerca del futuro, pero escribía con un propósito verdaderamente profético. Quería *proclamar* una gran esperanza para su pueblo y hacerles un llamado hacia una gran lealtad y observancia. Escribiendo en un tiempo en que la acción profética había cesado en Israel (después del Destierro), él adaptó el mensaje de los profetas a la situación de sus propios tiempos.

El autor no intentaba explicar a la gente el significado del Destierro (ya lo habían hecho EZEQUIEL e ISAIAS), tampoco volver a contar la historia del Retorno (contada ya por ESDRAS y NEHEMIAS). Tampoco quería imponerse la tarea de escribir los eventos de la persecución siria (se encontraba ya en los

LIBROS DE LOS MACABEOS). Nuestro autor dedicaba su libro a la tarea de interpretar para la gente el *sentido* de la persecución. Su trabajo era único por la manera como enfocaba el carácter esencial de la tiranía, el orgullo, el papel de Satanás en la tiranía política y la victoria final de Dios. Su trabajo podría ser considerado como una verdadera teología de la historia, i.e. una explicación de los eventos históricos a la luz de la fe. Fue un privilegio suyo anunciar el supremo momento de la historia, "los Ultimos Días" y describir la realización del "mundo que iba a venir," el cual por todas sus maravillosas cualidades no iba a ser un mundo mágico sino un mundo restaurado.

*AHORA ABRA SU BIBLIA Y LEA:*

EL LIBRO DE DANIEL, cap. 1 al 7 y cap. 13

## detrás de las palabras

**Edificando acontecimientos y visiones:** EL LIBRO DE DANIEL contiene dos partes principales. Los capítulos 1 al 6, y 13 y 14, contienen varias tradiciones que eran familiares para los primeros lectores. El autor ha seleccionado cuidadosamente los acontecimientos, de tal manera que sean apropiados para las circunstancias dolorosas por las que estaban pasando sus compatriotas. La segunda parte de libro (cap. 7–12) es escrita en una forma diferente. Aquí el autor presenta a sus lectores, bajo la forma de visiones, su magnífica teología de la historia para la cual los había preparado en el Capítulo 2. Las diversas imágenes simbólicas que empleaba eran familiares, pues se las encontraba frecuentemente en los profetas. Cada visión sigue, más o menos de cerca, un modelo definido. Podemos ver una lucha entre las fuerzas del bien y del mal. Entonces, Dios interviene con su triunfo decisivo que acarrea la solución definitiva de todo. Este acontecimiento es la inauguración del Reino Divino por un juicio y resurrección general.

*ANOTE EN EL MARGEN DE SU BIBLIA:*

"Daniel, su vida y sus tiempos"—junto al cap. 1
"Las Visiones de los Cuatro Animales"—junto al cap. 7
"La Historia de Susana"—junto al cap. 13

# para entender estas selecciones

*"El tercer año de Joaquín":* (DANIEL, cap. 1:1) Cada uno de los seis primeros capítulos de Daniel, es un acontecimiento completo en sí mismo. Todos son sacados del período del exilio en Babilonia (Siglo VI). Cuatro (cap. 1 al 4) son durante el reinado de Nabucodonosor, uno en el tiempo de Baltazar que fué gobernador bajo Naboindus, último rey de Babilonia, y otro en el reinado del conquistador persa, llamado aquí Darío, el Meda. Los seis capítulos hacen notar el hecho de que los judíos fueron a menudo colocados en altos puestos en las cortes paganas y subraya la lección de fidelidad a Dios y las prescripciones de la Ley en las circunstancias más difíciles.

*"Las leyes con respecto a los alimentos":* (DANIEL, cap. 1:8) Aquí el autor hace alusión a la práctica de los judíos de mirar sólo ciertos alimentos como buenos para un Hijo de la Alianza. Tales alimentos se los conocía como el "kosher," i.e., "limpio" o "ritualmente puro" cf. LEVITICO, cap. 11 al 16 y DEUTERONOMIO, cap. 14:3–8. El que Daniel escogiera lo que pudiera ser para nosotros algo secundario en la ley, pudiera parecernos extraño. Pero para un judío ortodoxo estas leyes alimenticias eran una muestra concreta y externa de lealtad para con Dios.

*La oración de Daniel:* (DANIEL, cap. 2:20) Esta oración es un verdadero testimonio de religiosidad, de gratitud por los beneficios recibidos más allá de nuestros méritos. Nada está oculto para Dios y cuando queremos la luz es a Dios a quien debemos humildemente acudir.

*La piedra de la montaña:* (DANIEL, cap. 2:31–45) Esta visión con su interpretación nos da la clave para entender las demás visiones de los capítulos 7 al 12. Describe el triunfo del reino de Dios que no es solamente un estado político sino que está destinado a dar cumplimiento a todo el proceso histórico. Es para desafiar a todos los imperios y juzgar todas las políticas y programas. Pero no es solamente un agente de juicio sino de salvación. Veremos en los Evangelios que este reino ha comenzado con el establecimiento de la Iglesia y llegará a su culmina-

ción con el glorioso retorno de Cristo en el "último día."
(S. MATEO, cap. 28:18–20, y APOCALIPSIS, cap. 22:20)

*La estatua de oro:* (DANIEL, cap. 3:1) Sabemos por muchos
relatos extra-bíblicos que era muy común entre los antiguos
que el gobernante colocara imágenes colosales, ya sea de una
deidad favorita o de sí mismo. Durante el período en el que
nuestro autor escribió (la revolución de los Macabeos) es interesante notar que el monarca Seléucida Antíoco Epífam
había erigido una imagen de oro al Dios Apolo en el pueblo de
Daphne. No es necesario que pensemos en una sólida estatua
de oro, sino una de madera bañada en oro.

*Los escritos de la pared:* (DANIEL, cap. 5) Este es uno de los
relatos más dramáticos de toda la literatura Bíblica. Es una
notable indicación de la exactitud histórica aún de los pequeños detalles de las tradiciones venerables que el autor usaba
encontrar que Herodoto y Xenofón, los historiadores griegos,
confirman que la ciudad de Babilonia cayó debido a un ataque
por sorpresa llevado a cabo en la noche.

*La cueva de los leones:* (DANIEL, cap. 6:1–28) En este capítulo
el autor responde elocuentemente a preguntas tales como
"¿Qué puede dar un hombre a cambio de su integridad?"
"¿Hasta qué punto se justifica un convenio?" Los antiguos
monarcas a menudo se enorgullecían por la magnitud y
variedad de su colección de fieras privadas, otra indicación de
la autenticidad de esta y otras tradiciones preservadas por el
autor.

*La vision de Daniel* (DANIEL, cap. 7) Así como nuestro autor
ha empleado acontecimientos del pasado como una fuente de
inspiración y de ánimo para sus lectores, así ahora en la
segunda mitad de su trabajo pone su mirada en el futuro.
Aconseja a sus compatriotas aceptar las pruebas del momento
teniendo en cuenta que Dios está preparando la revelación
definitiva de su gran plan y que muy pronto vendrá el establecimiento del reino que no tendrá fin. En el versículo 13, encontramos la notable referencia hecha al "hijo del hombre" que
Nuestro Señor mismo usó cuando antes de su Crucifixión
habló con el Sumo Sacerdote acerca de su segunda venida.
(MATEO, cap. 26:63–64)

**Daniel el juez:** (DANIEL, cap. 13)   Parece probable que éste y el capítulo siguiente hayan sido añadidos más tarde por algún editor desconocido quien debió haber actuado bajo el impulso de la inspiración divina. Estos capítulos están en armonía con el tema y el propósito del libro original y probablemente representan otras tradiciones venerables en relación con el nombre de Daniel y que el editor pensó que debían ser conservadas de manera permante.

## la unidad de los testamentos

En la visión del cap. 7 Daniel describe cómo va a ser el "hijo del hombre". En EL LIBRO DEL APOCALIPSIS, en el Nuevo Testamento, encontramos un paralelo con EL LIBRO DE DANIEL. San Juan en su descripción del Cristo Exaltado usa la frase "uno como el hijo del hombre," haciendo una alusión clara al libro de Daniel. Nuestro Señor mismo, frecuentemente usaba este título mesiánico para referirse a su propia persona (MARCOS, cap. 2:10 y 28). De hecho ningún otro título mesiánico es usado con más frecuencia que éste en los Evangelios. El título mismo señala la posición de Jesús como el representatante de la humanidad en el gran trabajo de la Redención (EPISTOLA A LOS ROMANOS, cap. 5 y 8).

## la biblia y la iglesia

El problema de saber hasta dónde puede uno llegar sin comprometer su creencia en Dios, ha atormentado a los cristianos desde las persecuciones hasta el presente. En el curso de nuestra vida vimos cómo muchos cristianos fallaron en enfrentarse a Hitler y sus proyectos insanos. Muy pocos lo hicieron, y la mayoría de ellos fueron ejecutados. Los cristianos enfrentan el mismo problema en países comunistas. Evangélicos y Judíos, tanto como Ortodoxos, son perseguidos en Rusia. Hemos visto que sacerdotes han sido asesinados en Polonia por oponerse al régimen. En América Central y del Sur, sacerdotes y religiosas, así como seglares, son asesinados y torturados porque se atreven a oponerse a la política de los que están en el poder. EL LIBRO DE DANIEL ofrece ánimo. El pueblo de Dios ha sufrido esta clase de prueba antes, y con fe y oración se han sobrepuesto a los tiranos. Por consiguiente, debemos tener esperanza y confianza en que el mal no reinará por mucho tiempo.

## los que practican la palabra

EL LIBRO DE DANIEL fue escrito en un tiempo cuando las cosas parecían no tener esperanza para los judíos. Les llevó un mensaje de esperanza, y ese mensaje se necesita también en el mundo de hoy. La explosión de la población es vista por algunos como una amenaza a la habilidad del mundo para sostener a sus habitantes. La amenaza de un holocausto nuclear se balancea sobre nuestras cabezas. Las revoluciones y terroristas por todo el mundo amenazan las vidas y la paz de tanta gente, que nos preguntamos si este mundo puede seguir adelante. Ante todas estas amenazas el cristiano debe tener y esparcir un mensaje de esperanza. Este mensaje es que si confiamos en Dios y tratamos de vivir de acuerdo a su mensaje revelado en Cristo Jesús, las cosas resultarán en beneficio de todos. En todas nuestras conversaciones sobre los problemas del mundo debemos introducir la nota de esperanza basada en la confianza en Dios y en un esfuerzo por vivir la clase de vida a la que Jesús nos llamó.

## preguntas

1. ¿Durante qué período de la historia de Israel fue probablemente escrito EL LIBRO DE DANIEL?

   _____

   _____

2. ¿Por qué se ha incluído apropiadamente EL LIBRO DE DANIEL entre los profetas de nuestra Biblia?

   _____

   _____

3. ¿Qué se proponía el autor al escribir su libro?

_____

_____

4. ¿Por qué no valía la pena para el autor mencionar explícitamente los acontecimientos contemporáneos?

_____

_____

5. ¿Cómo estaba dividido EL LIBRO DE DANIEL?

A. _____

B. _____

## *temas para discusión*

1. ¿Alguno de los acontecimientos narrados en la vida de Daniel nos hace ver más claramente la soberbia de la tiranía política y el embrutecimiento del poderío absoluto?

2. ¿Qué mensaje tienen los acontecimientos del Capítulo 6 para una persona que se encuentra ante el conflicto de las demandas de un estado absolutista y las de su propia conciencia?

3. En su propia vida, ¿siente algún conflicto entre su fe y las exigencias del gobierno?

4. ¿Cómo responde usted cuando escucha que se cita EL LIBRO DE DANIEL para predecir eventos futuros?

5. ¿Qué beneficios ha obtenido del estudio y discusión de este librito?

6. ¿Qué es lo más importante que usted siente que ha aprendido de este librito?

# PARA PROFUNDIZAR

## El Libro de Daniel

Hemos visto una gran variedad de formas literarias y estilos en las Escrituras Hebreas; obviamente no todos pueden ser leídos en la misma forma. En cada caso, el libro en sí mismo nos da algunas pistas sobre cómo debemos interpretarlo. Una de esas pistas en EL LIBRO DE DANIEL es la edad de su héroe. El empieza como un hombre joven y madura a través de sucesivos reinados de reyes paganos. El héroe siempre joven se levanta para defender a las damas, destruir a los ídolos y vencer a los dragones. Su ingenio y fortaleza no dependen de recursos naturales, sino de la sabiduría y el poder de Dios.

El modo del escrito es otra clave para el estilo apocalíptico. Está lleno de imaginación y fantasía y mucho simbolismo. Esto también llama al lector a la realidad transcendente y a ganar una perspectiva más comprensiva del tiempo y el lugar, una visión de la eternidad y del infinito. El autor pretende estar escribiendo en el pasado sobre eventos futuros, cuando en realidad está mirando al pasado, invitándonos a verlo como Dios lo ve y a aprender de esta visión. Esta idea no sólo nos capacita para enfrentarnos al presente más confiadamente, también nos da poder para ver el futuro con esperanza. La bondad sufrirá a causa del mal en el mundo una y otra vez, pero está garantizado que la victoria se levantará triunfante de lo que una visión limitada ve como derrota. Las imágenes y símbolos dramatizan y realzan este conflicto en tal forma que las personas de fe en cada época del mundo encuentran consolación y ánimo.

Finalmente, la estructura de los escritos apocalípticos llama nuestra atención a patrones literarios cuidadosamente elaborados. El número de episodios en EL LIBRO DE DANIEL es 12 (un símbolo en sí mismo muy importante para los hebreos); estos se dividen en dos secciones, cada una de las cuales termina en el foso del león y la salvación victoriosa. La primera sección contiene tres pruebas y tres visiones:

I PRUEBA: Daniel y sus compañeros evitan comer alimentos contaminados

II VISION: Sueño de Nabucodonosor de una estatua

III PRUEBA: Los compañeros de Daniel resisten la idolatría

IV VISION: Sueño de Nabucodonosor de un árbol

V VISION: El sueño de Baltasar de los dedos que escribían

VI PRUEBA: Daniel permanece en oración y sobrevive de la cueva de los leones.

La segunda sección consiste de cuatro visiones (dos de Baltasar, una de Darío y una de Ciro) que son cada vez más escatológicas, guiando a un siempre joven Daniel (Israel) en Babilonia rescatando a Susana (amenazada siendo inocente). La fe y la oración le da la sabiduría y el valor para enfrentarse a los poderes del estado en este episodio, y los poderes de las religiones paganas en el episodio final. Una vez más es rescatado de la cueva de los leones, pero esta vez es por el auxilio humano—un profeta, aunque un profeta reacio. Una vez más Dios trabaja a través de las personas, débil y dudosa humanidad, para continuar el trabajo de salvación.

Emanuel y el Siervo Sufriente combinan generación tras generación del pueblo de Dios. Jesús y la cruz llevan a la resurrección. El mensaje es "buena nueva", no para asustar o condenar sino para consolar y dar ánimo. En cada época, el profeta llama al arrepentimiento y a la fe, debe hacer eco no sólo en la Palabra sino en el Espíritu de un Salvador que vino "no a condenar el mundo, sino a salvarlo." (JUAN, cap. 12:47)